科学课堂深度探究的实现路径

贺慈满 著

宁波出版社

图书在版编目（CIP）数据

科学课堂深度探究的实现路径 / 贺慈满著 . — 宁波：宁波出版社 , 2024.3
　ISBN 978-7-5526-5225-3

　Ⅰ . ①科… Ⅱ . ①贺… Ⅲ . ①科学知识—教学研究—小学 Ⅳ . ① G623.62

中国国家版本馆 CIP 数据核字（2024）第 002555 号

科学课堂深度探究的实现路径
贺慈满　著

责任编辑	杨青青
责任校对	谢路漫
装帧设计	金字斋
出版发行	宁波出版社
	（宁波市甬江大道 1 号宁波书城 8 号楼 6 楼　315040）
印　　刷	宁波白云印刷有限公司
开　　本	787mm×1092mm　1/16
印　　张	12.5
字　　数	200 千
版　　次	2024 年 3 月第 1 版
印　　次	2024 年 3 月第 1 次印刷
标准书号	ISBN 978-7-5526-5225-3
定　　价	48.00 元

如发现缺页或倒装，影响阅读，请与出版社联系调换，联系电话：0574-87248279

序

  自 2001 年新课程改革以来,自然课改为科学课,科学探究成为科学教育的重要途径,一直受到广大科学教师的重视。2022 年教育部颁布了新修订的《义务教育科学课程标准(2022 年版)》,培养学生的核心素养是重要目标,也是落实立德树人重要任务的关键,素养导向的课堂教学成为改革的方向。课程标准引领了科学教育的发展方向,也引起了广大科学教育工作者的极大重视。科学课程标准对科学课程所要培养的核心素养作了界定,主要是指学生在学习科学课程的过程中,逐步形成的适应个人终身发展和社会发展所需要的正确价值观、必备品格和关键能力,是科学课程育人价值的集中体现,包括科学观念、科学思维、探究实践、态度责任等方面。

  如何落实核心素养的培养,如何建立素养导向的科学课堂?这是当前教学改革的重点。在实际的教学中,教师应用哪些策略能更好地实施科学教学,促进学生科学核心素养的发展?探究实践是科学课程要培养的核心素养之一,它既是关键能力,同时也是培养其他核心素养的主要途径。学生通过深度参与和体验探究实践活动,能够提高学习的兴趣,促进对概念的理解和建构,培养刻苦坚韧的精神和毅力,提高多方面的能力。关于探究式教学和工程实践教学，经过这么多年的探索，已经有了不少经验，特别是一些优秀的教研员和骨干教师，多已形成了一套行之有效的教学手段，引领着科学教育的发展。

贺慈满老师是一位在小学科学教育上潜心研究20多年的优秀教研员，具有非常丰富的科学教学研究与实践的经验，曾经获得浙江省优秀教研员的荣誉称号。她立足课堂、潜心钻研，针对如何开展深度的科学探究实践，归纳、梳理和提炼出了一套系统的做法，并指导教师在科学课堂中实践探索，取得了良好的效果。她指导科学教师的许多课例曾在全国、省、市展示，得到了广大科学教师的赞赏。贺老师在本书中提出了科学课堂深度探究的实现路径，从知识与经验的转化、学生的学习机制、科学概念的加工、学习活动的设计、空间与资源的建设等方面进行了详细的阐述，提供了一套可操作的解决方案。这是贺老师多年教学研究经验的积淀，既有理论探讨，更有案例支撑，其中所提供的具体教学策略和典型案例可以为我们一线科学教师提供引导和启发，许多实践做法值得学习和借鉴。

喻伯军

2023年9月

前　言

《义务教育科学课程标准（2022年版）》所提出的课程理念之一是"激发学习动机，加强探究实践"，这一课程理念"倡导设计学生喜闻乐见的科学活动，创设愉快的教学氛围，保护学生的好奇心，激发学生学习科学的内在动机；突出学生的主体地位"，利用各种资源"创设良好的学习情境，设计适宜的探究问题，引发学生认知冲突，激发积极思维。倡导以探究和实践为主的多样化学习方式，让学生主动参与、动手动脑、积极体验，经历科学探究以及技术与工程实践的过程；重视师生互动和生生互动，引导学生对所学知识和方法进行总结、反思、应用和迁移，促进学生自主学习和合作学习"。

我对于科学课堂教学始终秉持"走进生活，激发好奇心；概念探究，渗透求真精神；应用实践，展现创新能力"的教学理念，追求让学生处于"深度探究"的学习过程和学习状态。我所理解的"深度探究"是学生建立在理解的基础上，通过解决真实问题所进行的可迁移的学习。

科学课堂中的深度探究首先是一种理解性的学习。学生对于科学概念的学习不拘泥于事实性的知识，而是指向核心概念的理解，对科学概念的内涵、外延及未来的概念发展都是清晰可见的。

其次，科学课堂中的深度探究，还是一种解决问题式的学习。学生在解决问题的过程中学习知识、建构概念，充分地参与、主动地学习。

再者，科学课堂中的深度探究更是一种可迁移应用的学习。学生学到的知识是与自身经验相整合了的知识，是在新的情境下可以提取的知识，可以实现科学知识的迁移和应用。

深度探究是指向科学核心概念发展的学习，解决问题的学习，可迁移应用的学习，其核心理念和价值追求就是培养学生的科学核心素养。

经过多年的探索实践，本书归纳了实现科学课堂深度探究的五条路径，即联想与结构：经验和知识的相互转化；活动与体验：学生学习机制的形成强化；本质与联系：对科学概念进行深度加工；迁移与应用：在学习活动中进行探究实践；空间与资源：课堂深度探究的支持系统。

目 录

第一辑 联想与结构：经验和知识的相互转化

一、单元起始课的"趣"与"奇"

（一）单元起始课的地位 …………………………………… 004

（二）单元起始课的作用 …………………………………… 005

（三）单元起始课的价值 …………………………………… 006

（四）单元起始课的宗旨 …………………………………… 008

二、解剖学生思维的节点

（一）多方探索，解剖学生思维习惯 …………………… 012

（二）借力经验，促进学生思维拔节 …………………… 017

三、从前概念到科学概念的实现策略

（一）趣味预设，联系学生前概念 ……………………… 021

（二）实践探索，纠正前概念 …………………………… 022

（三）创新教具，明晰科学概念 ………………………… 024

（四）迁移应用，巩固科学概念 ………………………… 026

第二辑 活动与体验：学生学习机制的形成强化

一、以游戏推进概念的建构
　　（一）聚焦主题，生成科学问题 ……………………………… 031
　　（二）游戏进阶，深化探究过程 ……………………………… 032
　　（三）儿童化呈现，促进有效表达 …………………………… 035

二、基于实证的探究实验
　　（一）从抽象到具象，形而象之 ……………………………… 037
　　（二）化无形为有形，觉而悟之 ……………………………… 038
　　（三）一分为二看问题，论而证之 …………………………… 039
　　（四）步步为营理线索，探而究之 …………………………… 039

三、探究实验中的生成式学习
　　（一）学会发现问题，生成问题，培养探索意识 …………… 042
　　（二）尝试猜测结果，生成假设，诱发探索欲望 …………… 043
　　（三）设计奇异实验，生成方案，触发创新灵感 …………… 044
　　（四）学会分析数据，生成结果，培育合作能力 …………… 046

四、活动间过渡环节的优化策略
　　（一）激励式过渡 …………………………………………… 048
　　（二）冲突式过渡 …………………………………………… 050
　　（三）描述式过渡 …………………………………………… 051
　　（四）质疑式过渡 …………………………………………… 053

五、长周期探究活动的实施

（一）长周期探究困局形成原因 ………………………… 056

（二）提高长周期探究活动有效性的若干策略 ………… 057

第三辑 本质与联系：对科学概念进行深度加工

一、建模活动：领悟科学概念的本质

（一）联系生活实际，促进模型理解 ………………… 063

（二）多元化教学手段，确保建模活动 ………………… 065

（三）引导学生思考，提高建模层次 …………………… 069

二、体验分类：在活动中建立科学概念的联系与区别

（一）改进材料，引发分类活动 ………………………… 072

（二）确定标准，掌握分类方法 ………………………… 072

（三）形成图示，深化分类思维 ………………………… 073

三、深度研讨：认识科学的本质

（一）精选关键问题，引领研讨方向 …………………… 077

（二）营造研讨氛围，提升研讨效果 …………………… 077

（三）提供可视证据，支持研讨过程 …………………… 078

（四）重视特别发现，丰富研讨内容 …………………… 079

（五）巧用多方评价，调控研讨进程 …………………… 080

四、材料先行：促进概念的有效构建

（一）选 —— 让概念暴露更充分 ………………………… 082

（二）改 —— 让科学探究更简洁 ………………………… 083

（三）用 —— 让结论获取更科学 ………………………… 086

（四）创 —— 让概念形成更深刻 ………………………… 087

五、指向科学思维的教学活动设计策略

（一）创设神奇情境，激发思维原点 …………………… 090

（二）立足核心问题，触发思维潜能 …………………… 090

（三）分层体验探究，提高思维深度 …………………… 091

（四）拓展迁移应用，扩大思维广度 …………………… 091

六、以"画图法"提升学生思维能力

（一）从模糊到清晰，体现思维起点 …………………… 094

（二）化间接为直接，体现思维过程 …………………… 095

（三）由整体到部分，凸显观察细节 …………………… 097

第四辑 迁移与应用：在学习活动中进行探究实践

一、科学探究方法的再迁移

（一）梳理知识脉络，实现迁移 ………………………… 103

（二）理解学科方法，运用于问题解决 ………………… 106

二、"工程实践"问题的课堂教学策略

  （一）明确技术目标 ………………………………………… 109

  （二）重视设计环节 ………………………………………… 110

  （三）恰当选择材料 ………………………………………… 112

  （四）完善评价标准 ………………………………………… 113

  （五）持续激发参与热情 …………………………………… 114

  （六）妥当安排科学课时 …………………………………… 115

三、"项目式"学习的课堂应用

  （一）"项目式"学习的顶层设计 …………………………… 117

  （二）"项目式"学习的分步实施 …………………………… 118

四、培养实践创新能力的"融通"学习范式

  （一）场域融通，提升学习主动意识和操作能力 ………… 124

  （二）学科融通，提升多元化思维和资源管理的能力 …… 128

  （三）学段融通，融通学科内容、方法构建、整合提炼 …… 131

五、STEM 项目的开发与实施

  （一）"玩转科学"课程特色 ………………………………… 136

  （二）四维课程目标定位 …………………………………… 136

  （三）"八环节"课程内容 …………………………………… 137

第五辑 空间与资源：课堂深度探究的支持系统

一、科学家庭实验的探索实践

（一）合理布置，促进家校合作 …………………… 145

（二）课前测评，确定学习目标 …………………… 146

（三）实验改进，重新设计过程 …………………… 147

（四）利用媒体，实现精准指导 …………………… 148

（五）即时点评，营造活跃氛围 …………………… 149

（六）问卷调查，反馈收获建议 …………………… 150

（七）整理素材，延续探究热情 …………………… 152

二、探究实验室建设的问题与对策

（一）建设科学探究实验室的背景 ………………… 155

（二）科学探究实验室取得的成效 ………………… 158

（三）当前科学探究实验室存在的问题 …………… 160

（四）科学探究实验室建设的对策研究 …………… 162

三、以学科基地铸学科品牌

（一）因地制宜，打造实践基地 …………………… 164

（二）依地施教，丰富教学途径 …………………… 166

（三）立足基地，深化教学研究 …………………… 168

四、以品质教研促精品课堂

（一）落实常规管理 ………………………………… 169

(二)评诊常态教学 …………………………………… 171

(三)深化日常研究 …………………………………… 172

五、打造科学学科团队

(一)铸教师成长 ……………………………………… 175

(二)铸学生成长 ……………………………………… 178

(三)铸学科成长 ……………………………………… 181

第一辑 联想与结构：
经验和知识的相互转化

"联想与结构"解决的是知识与学生个体经验的相互转化问题。

学生来到课堂之前，头脑中并非一片空白，而是带着自己已有的经验，这些经验，有些是正确的，有些是错误的，有些是不完整的，还有些是不稳定的、模糊混沌的。总之，学生头脑之中对于即将要学习的事物有着一些前认知，有着一些初始的想法，这些就是学生的"经验"。

课堂中，对学生的经验，要先进行唤醒和改造，这就是学生"联想"的过程。要把学生头脑中的经验充分暴露出来，使学生的经验融入教学之中，使正确的经验得到同化；对于错误的经验要制造认知冲突，并在学生的头脑中进行唤醒和改造。

通过顺应和同化，对正确的经验进行巩固，对错误的经验进行重构，对混沌的经验进行梳理，从而构建新的认知结构，这就是"结构化"的过程。

一

单元起始课的"趣"与"奇"

单元起始课的作用至关重要，它揭露了学生的前概念，揭开单元学习的内容，揭示学习的重要性。一堂好的单元起始课，无时无刻不体现着"趣"与"奇"。"趣"就是增强学生进行活动探究的趣味性，"奇"就是神奇巧妙地培养学生的学习探究能力，让学生的感性与理性相交融，使学生的经验和知识相互转化。

单元教学是一种站在整体高度实施教学的大教育观念，是课程实施和单元课时教学的基石，也是落实学生核心素养发展的必由之路。教科版小学科学教材的每一个单元有6—8个课时，一般单元第一课为起始课，基于生活经验引入单元主题，最后一课作主题总结。通过几个相关内容的教学，引导学生对单元主题的探究活动逐层展开，循序渐进地完成科学概念的建构。单元起始课的教学对于推动单元整体化教学起着至关重要的作用。然而，在日常教学中我们会发现，单元起始课内容简易而教学困难，教师往往容易忽视教材大单元整体结构的设计用意，陷入"课时教学"的误区，在教学目标的把握上、在教学内容的衔接上不得要领，从而影响了整个单元科学概念的有效建构。因此，教师要站在整体的高度设计与实施单元起始课的教学。

教科版小学科学教材的每个单元都可以理解为一个大知识点，即单元主题。每个单元主题都是通过一个个活动展开的。这些活动都是为了帮助学生寻求事实的依据，然后描述具体科学概念而设置的。学生在以这些具体的概念为依据，同时在教师的引导下去伪存真，深化认识一系列科学概念的过程中，逐步形成自己的核心概念，巩固自己的科学认知，使感性与理性相交融。每一个单元的起始课，都起到了提纲挈领的作用，它像一个触发器，触发整个单元的概念的生成，激发学生进一步探究的兴趣，设立学生理解科学概念的情境，帮助学生建构核心概念。

（一）单元起始课的地位

要明确单元起始课的地位，教师需要从两方面入手：一是要读懂教材的单元结构；二是要读懂学生的认知基础。这两方面是相互影响、相互促进的。单元起始课站在教学目标的高度，起到帮助梳理单元知识脉络，体现教学重难点，使教材的单元结构清晰明了，以及加强学生认知基础的作用。单元起始课应立足于学生的前概念，着眼于学生的认知体系，建构起单元认知基础，从而有助于形成教材的单元结构体系。

旧版教科版小学科学三年级上册第四单元《水和空气》单元起始课的开篇描述了这样的具体科学概念："有人说，地球其实是一个'水球'，因为地球表面有百分之七十左右的面积都被水覆盖着。有人说，地球其实是一个'气球'，因为地球表面上百分之百的面积都被厚厚的空气包围着。水和空气，是地球上的两种非常重要的物质。因为有了它们，地球上才有了生命，有了植物、动物和我们人类，地球才被人们称为生命的摇篮。可是，水和空气到底是怎样的物质呢？它们有哪些特点呢？让我们一起进入本单元的学习吧。"

《水和空气》前言部分作为单元起始课的开篇，并非可有可无，它为读懂教材的单元结构作了铺垫。通过打比方"水球"和"气球"，形象地引出了"水"和

"空气"。教师巧设情境,摆出事实依据,学生便自然而然地认知到本单元的重要科学概念:水和空气,是地球上的两种非常重要的物质。至于水和空气到底是怎样的物质,它们有哪些特点,通过单元起始课的伏笔,学生早已被激发起了继续探究的兴趣。当然,由于每一位学生的认知基础存在差异,通过单元起始课,可以较早地发现学生的前概念情况,有助于下一步的活动预设。

除了《水和空气》单元,其他单元的起始课同样非常重要。小学科学教材围绕"生命科学""物质世界""地球与宇宙"等领域,要求体现科学概念的连贯性,单元起始课的地位不言而喻。

(二)单元起始课的作用

单元起始课发挥着举足轻重的作用,它的作用可以归纳为"三揭",即:揭露学生的前概念,揭开单元的学习内容,揭示学习的重要性。下面就以旧版教科版小学科学六年级上册《抵抗弯曲》为例,谈一谈单元起始课的作用是如何得到体现的。

1. 揭露学生的前概念

对于六年级上册《形状与结构》单元而言,学生在之前就已经看到过很多不同形状和结构的物体。学生对于建筑物体具有整体性的认知,例如,能够说出国内外的著名建筑物,比如巴黎埃菲尔铁塔、凯旋门,我国北京的鸟巢体育场,杭州湾跨海大桥,宁波的天一阁、天封塔等。《形状与结构》单元的起始课《抵抗弯曲》开篇就揭露了学生的前概念,使得学生体会到建筑物体是科学与艺术的结晶,而建筑的发展史,也是人类文明的发展史。这些前概念为学生进一步认识和理解建筑物体的形状和结构作了一定的铺垫,顺利引发了之后学生活动的设计。

2. 揭开单元的学习内容

单元起始课《抵抗弯曲》,由浅入深,在前概念的基础上,学生认识到人们很早就开始造房子、修桥梁了。很多的房屋和桥梁都是依靠直立的柱子和横放的横梁支撑住的。如何增强横梁的抗弯曲能力是建筑学上很重要的问题。学生在问题的引领下，逐步揭开学习内容：房屋、桥梁等建筑物的结构中有"柱"和"梁"，而梁比柱容易弯曲和断裂。学生进一步需要通过教师设计的活动来学习：增加梁的宽度可以增加抗弯曲能力，增加梁的厚度也可以增加抗弯曲能力。六年级学生已具备了一定的观察、记录、表述等基本能力，接下来重在培养学生的自主探究、实践、合作、表达等能力。单元起始课帮助学生明确接下来的学习内容，使得学生能够学得游刃有余。

3. 揭示学习的重要性

对于普通老百姓来说，建造一幢属于自己的房子是人生大事，尤其在农村。在建房子的过程中，有一件事办得很隆重，而且要举行盛大的仪式，那就是房子上梁。《抵抗弯曲》单元起始课通过引入农村建房子上梁的风俗，让学生理解梁对房子的重要性。同时，它向学生揭示了增加梁的宽度和厚度能够更好地抵抗弯曲。站在教学四维目标的高度，学生在潜移默化中落实了对科学概念的掌握，深化了科学思维的发展，强化了实践探索的体会，加深了态度与责任的培养，持续发展了学习兴趣，学生学习有重点，更明确了方向。

（三）单元起始课的价值

一堂好的单元起始课，其价值在于"趣"和"奇"。"趣"就是增强学生进行活动探究的趣味性，从而加强学生对科学概念的理解；"奇"就是神奇巧妙地培养学生的学习探究能力，引导学生于无形中学会科学方法，提升创新能力。

例如，《各种各样的岩石》是旧版教科版小学科学四年级下册第四单元《岩石与矿物》的第一课，即本单元的起始课。本节课的主要目的是激发学生对岩石的研究兴趣，使学生学会综合运用各种感官感知和描述各种岩石的特点，通过自选标准给岩石分类，认识岩石的基本属性，从而为本单元后面的学习和研

究起到引领和铺垫的作用。《各种各样的岩石》单元起始课,践行"生本课堂"理念,探索岩石之奥秘:

第一个环节,教师分享自己收藏的岩石,展示四件宝石(砂岩、玛瑙石、三叶虫化石、玉石),导入新课。接着,以生为本,引导学生从自己的审美入手,从各自不同的角度观赏这四块岩石,充分表达自己的观察发现。这个活动使学生对岩石产生了极大的兴趣,点燃了学生对岩石的欣赏欲望,为后续的观察活动作好了铺垫。导入环节"宝石步步激趣"激发了学生收集岩石的欲望和兴趣,为本课接下来对岩石的观察研究以及本单元的教学打下了很好的基础,这也体现了单元起始课的作用,更体现了以生为本的教育理念,改变了以往学生上科学课"被观察""被研究"的状态,使学生进入"主动"研究的状态。

第二个环节,学生展示自己收集的岩石并进行初步的观察和描述。学生拿出岩石进行展示,并对自己收集的岩石进行描述,教师一边巡视,一边引导。基于对岩石原有的认识程度和经验,虽然学生个体的认识有限,但是在集体研讨中,师生逐步完善和丰富对岩石特征及观察角度的描述,整个过程全由学生主动参与。

第三个环节,学生比较岩石之间的不同之处。比较活动后的汇报,是一个递进和完善的过程,不但可以起到运用和巩固的作用,还能持续激发学生探究岩石的兴趣,更能通过一块新岩石发现岩石更多的观察点,丰富本节课的生成。

最后,学生为岩石分类,继续激发学生研究岩石的兴趣。"找朋友"活动,其实是让学生给小组内的岩石归类,对本单元接下来的学习起到承上启下的作用。整节课的教学设计尊崇"以生为本"的理念。虽然小学科学教学一直提倡以生为本的理念,但是,在实际操作中,还有不少课堂存在着"老师说什么,学生就做什么"的现象,学生并没有总结自己的科学学习方法。如果教学没有从学生的情感出发,就很难使学生对岩石感兴趣,也很难使探究活动真正有效地展开。因此,作为单元起始课,重点就是要激发学生对科学的兴趣,继而让学生巧妙神奇地去探究,自然收获好的科学学习方法。

好的单元起始课的教学,能够帮助学生提炼出科学方法:观察 — 比较 — 归类。教师丰富着学生的情感体验,并在此过程中引导学生不断实践他们自己的科学方法,最后凝练成学生自己的核心概念,这个过程中也体现了单元起始课的价值:趣味性和奇妙性。

科学课程,从生活中来,又回到生活中去。上完科学课,学生脑海中烙印下什么呢?这体现了单元起始课的又一大价值取向:学生要持续关心或关注生活中的科学问题。为什么要关心?生活中处处闪耀着科学的光芒,可以不断丰富学生的情感体验和实践能力。怎样关心?学生初步具备了一定的观察、记录、表述等基本能力,能够自主探究、实践、合作、表达科学问题。当然,持续的科学兴趣是探究的动力所在。例如,学生学习了《天气》单元,能够养成关心天气的习惯并关注天气和我们生活的关系,那么单元起始课的价值就体现出来了。

(四)单元起始课的宗旨

一个新单元的第一课,举足轻重,动关大局。单元起始课,就像打开一扇新知识世界的大门,如何巧妙地打开这扇大门,影响着学生理解并接受新知识的欲望,也影响着教师下一步展示更多知识的效率。因此,单元起始课的教学应该体现四大基本观点。

1.整体观 —— 立足单元教学目标,确定单元起始课教学目标

好的开端,是成功的一半。科学教学遵循四维目标:科学观念、科学思维、探究实践和态度责任。例如,《我们关心天气》的单元起始课中,教师首先要站在整个单元的角度,准确定位教学目标:通过学习,学生初步感知可以从

云量、降水量、气温、风向和风速等天气现象来描述天气,同时知道一些常见的天气现象和天气符号;学生要领会采用分类等方法,运用感官观察天气,并学会用简单的词句把它记录下来;学生要意识到天气每天都在发生着变化并影响着我们的生活,提高关心天气的意识。

2. 课程观——具备课程意识,准确解读教材,合理设计教案

对于"向学生介绍学习的方法"类型的单元起始课,教师需要确定课程的教学重难点。在《我们关心天气》一课中,教师设定的教学重点是:应用云量、降水量、气温、风向和风速等天气现象来描述天气,知道一些常见的天气现象和天气符号;教学难点是:学生知道关心天气的重要性,意识到天气时刻影响着我们的生活。教师解读教材,合理设计教案,进行探究活动的分析和设计:

利用磁吸形式的天气现象的符号,正面写名称,背面印天气符号,正反面都可以磁吸在黑板上,便于学生认识这些天气现象及其符号。

为每一学习小组准备一套迷你版天气符号,也可以磁吸在铁盘子里,让学生尝试着给这些天气现象进行分类。

为每一位学生准备一张观察天气的小卡片,观察、描述今天的天气现象,引导学生从云量、降水量、气温、风向和风速等方面对今天的天气进行观察。

准备多块可书写的磁吸白板,引导学生思考今天的天气对我们生活的影响,教师先引导示范完成天气影响的部分网状图,再请学生分组完成剩下的网状图。师生共同分析网状图,使学生意识到天气时刻影响着我们的生活。

3. 学生观——站在儿童认知的高度,进行有梯度教学环节的预设

科学教育越来越提倡"以生为本"的教育理念,学生观应运而生,这就需要教师立足学生的角度,进行各项探究活动的巧妙预设,由浅入深地开发学生的潜能。单元起始课指导着探究活动的设计方向,需要注重连贯性、趣味性、选择性、自主性等,要符合学生心理发展和认知规律,有梯度,循序渐进,又要注意适当地分层预设,以供学生自主选择,发挥他们最大的创新能力。

4. 后续观——注重后续研究的教学设计,激发学生后续研究的兴趣

科学学习,还要回到生活中去。如何激发学生后续研究的兴趣,持续探究,这就需要教师所设计的课堂活动对学生而言是意犹未尽的。好的单元起始课可为后续研究的教学设计留足空间。单元起始课的问题设计和活动预设影响着学生的求知欲。教师适当关注学生的内在情感,鼓励学生自主设想,而不是过早、过多地纠正学生的自我发现和自我总结,培养学生后续实验探究的内在动力。

其实,每一个单元都是一个情境主题,通过一个个活动展开。单元起始课不但帮助教师读懂教材的单元结构,而且帮助教师读懂学生的认知基础。单元起始课的教学为了帮助学生寻求事实的依据,描述具体的科学概念,无时无刻不体现着"趣"和"奇"的价值,学生不断建构科学概念,又不停地输出科学概念,使感性与理性相交融。

二
解剖学生思维的节点

是什么促进了学生经验和知识的转化？是思维。经过思维加工，学生把原有的经验与外界获得的刺激进行重新整合，生成新的认知结构。教师需要解剖学生思维的节点，解剖思维的习惯，借力经验，促进思维的拔节生长。

科学课旨在培养学生的核心素养，为学生的终身发展奠定基础。其中，何为科学思维？科学思维是从科学的视角对客观事物的本质属性、内在规律及相互关系的认识方式，主要包括模型建构、推理论证、创新思维等。模型建构体现在：以经验事实为基础，对客观事物进行抽象和概括，进而建构模型；运用模型分析、解释现象和数据，描述系统的结构、关系及变化过程。推理论证体现在：基于证据与逻辑，运用分析与综合、比较与分类、归纳与演绎等思维方法，建立证据与解释之间的关系并提出合理见解。创新思维体现在：从不同角度分析、思考问题，提出新颖而有价值的观点和解决问题的方法。科学思维的培养是核心素养中的核心。

在日常教学中，很多教师会以"科学观念"和"探究实践"为主要教学目标，容易忽视学生科学思维的发展。应该如何有效培养学生的科学思维，提升学生的核心素养呢？我认为，科学教师要善于剖析学生的思维习惯，创设真实情境,联系学生的生活和原有认知,为发展科学思维提供有力"支架",助力学生顺利建构新知,提升解决实际问题的能力。

(一)多方探索,解剖学生思维习惯

俗话说"话不投机半句多",要让学生有更多的生成性思维,打开他们的话匣子,就需要教师走进学生的生活,留心观察学生的学习生活经验,分析他们的思维水平和方式,熟悉学生从事科学探究时的"边缘前概念"等。其实这些都是教师在教学前需要掌握的,往往也是优秀教师在课堂中能快速与学生达成共识、引发共鸣的"制胜法宝"。下面我们不妨先来解剖一下学生的思维习惯。

1.形象思维占优势

陶行知先生认为,教育需要根据学生的一般特点,透过启发性的教育手段,帮助他们在特殊活动中获得对事物的更深了解,强化学生在探究中的思维活动,培养思维的有序性。对学生思维的研究,首先要摸索思维的起点,这就需要了解学生认知能力、学习能力以及思维能力发展现状,研判学情,依据学生自身状况以及知识特点,进行课堂教学设计。

其次,是要研究学生思维的特点。根据研究,学生记忆的信息可分为两大类:一类是各种事物存储于大脑的形象,心理学上称为表象;一类是通过思维创造的各种符号系统,也就是对客观事物的抽象表征。思维是记忆信息的转换和应用。与人类记忆信息相对应,思维可以分为形象思维和抽象思维。从思维能力发展阶段来看,小学生的思维是从获得各种事物形象,进行形象思维开始的,即小学生的形象思维占优势。小学生在科学学习过程中,获得科学认识和应用科学认识都依赖于各种思维活动,所以在引导学生进行思维创新时,可以从一些比较直观的情境入手,直接打开学生的思维广度,如做游戏、讲故事、猜谜语等。

以一次"观察蜗牛"活动中的谈话为例,我曾经在放学时发现一群一年级的小男生在花坛里捉蜗牛。原来,雨后这些小精灵都探出身体来呼吸新鲜空气了。看到这情景,我也来了精神,于是便问一男生:"我看你们观察蜗牛这么入神,那你发现了小蜗牛的哪些秘密呀?"男生自信地抢着说:"老师,我知道哪些蜗牛是公的,哪些是母的。""真的吗?"我故意问。男生继续认真地说:"有硬壳的是公的,无壳的是母的,因为公的力气大,能背那么沉的壳!"啊……我惊讶了,这就是孩子的思维!这时又有一个男生接着说:"母的蜗牛又叫鼻涕虫。"于是我思量着说:"你是怎么知道的?""因为鼻涕虫个头大,不用那么辛苦地背着壳,生宝宝也更方便了!"另一位男生抢着分析。这些就是一年级孩子独有的逻辑……

其实,不同年龄段的学生都有着各自的生活经验和思维特点,这就是小学生朴素、浅显的生活经验形成的生成性思维。我们成年人很难理解其中的逻辑关系,但这确实是学生们脑海中的想法,是科学教学活动的宝贵资源。教师对于学生而言,应当是在生活经验、思维过程、探究学习方面的指引者。我们要尊重、理解和呵护学生的这种思维源头。同时,这对教师的专业素养提出了更高的要求,教师必须了解学生的生活经验、思维特点,并从中把握其与学生课堂表现之间的联系。只有了解了学生的思维过程,教师与学生才能成为平等、同行的共同体。

2. 相同兴趣引共鸣

爱因斯坦曾说过:"兴趣是最好的老师。"正所谓"兴趣出勤奋,勤奋出天才",这是学习规律的真谛。浓厚的学习兴趣可以使各种感官处于最活跃的状态,能够更好地接收教学信息,能使学生自觉地集中注意力,全神贯注地投入学习活动,提高学习效率。

教师可从学生的角度出发,通过描述学生正在体验和感兴趣的生活场景,拉近与学生的距离,使学生在短时间内产生强烈的共鸣,从而对科学课堂产生兴趣，并在课堂学习中主动将自己的情感体验融入其中，促进经验和知识的转化。比如，我们可以利用学生喜欢的动画片、受学生欢迎的事物或学生感兴趣的社会热点话题等，在教师和学生之间架起一座桥梁，激发学生的情感，快速缩短学生与教师的心理距离，让学生对学习对象产生亲切感和熟悉感，从而积极主动地进入学习状态，减少胆怯和羞涩等心理活动对学生正常思维的干扰，进而达到激发学生生成性思维的目的。如《做一个生态瓶》一课教学中，教师设计了一段课前谈话：

教师：大家喜欢养小动物吗？你们养过哪些小动物？

学生：仓鼠、兔子、小乌龟、金鱼、蝌蚪、猫、狗……（反应热烈）

教师：老师也很喜欢饲养一些小动物，看！这是老师家里养的鱼。

（课件出示水族箱）

教师：大家认为老师的鱼养得好吗？

学生1：布置很美，有水草、虾、彩色的鱼。

学生2：水和鱼缸很干净。

学生3：鱼儿很活泼。

……

教师：是的，老师为了养好这些小动物还真花了不少心思，老师想知道，你们养过类似的水生动物吗？有哪些成功与失败的经验？

在这段课前谈话中，教师引导学生重点说说养水生动物的经历。其实，大多数的孩子都喜欢饲养、观赏生态瓶中的鱼和其他水生生物，这种饲养和观赏可以增长知识，促进探究，增进理解，并带来美的享受。教师抓住了学生相同的兴趣爱好，以这个话题引发学生已有的经验和思维，打开了话匣子，拉近了师生之间的距离，聚焦研究的主题，引发学生接下来的思维参与。

3. 关注热点促思维

科技发展与进步中的热点话题也能激发学生浓厚的探索欲，引导学生关注科技热点，可以极大地促进学生科学思维的参与。

比如，随着神舟系列飞船、嫦娥系列卫星和探测器、"天宫"空间站、"北斗"导航系统等科技成果成功研发与应用，学生探索太空的欲望强烈，这正是形成关于宇宙的生成性思维的好时机。因为在这个时间段，学生生活的每个角落、各种媒体都在传播着与这个话题相关的信息。学生的思维时刻活跃在相关信息中，从多渠道得来的信息容易在学生大脑中形成记忆，在这个过程中需要想象、筛选和加工等科学思维的协同参与，这些科技热点可以合理地运用于教学之中。例如《相貌各异的我们》一课的教学，设计了这样的教学环节：

课堂导入

教师：今天第一次来上课，本来给大家准备了一份礼物，结果来得匆忙落下了。不过没关系，我现场用手机买给大家。

电子屏实时投屏，手机淘宝现场登录购买并支付。

教师：知道刚才买东西的淘宝、支付宝是谁开发的吗？

学生：××。

教师：这就是××，长得很有特色。谁能简单描述一下××的相貌。

（出示××照片）

学生：脸方方的，嘴大大的，眼睛大大的……

教师：像眼睛、嘴巴、眉毛、脸型等就是我们的相貌特征。

（板书：相貌特征）

教师：相貌特征还能应用于一项购物付款的方式：刷脸付款。我给大家带来一段视频，我们一起来看看。

（刷脸支付视频）

教师：看了视频，你有什么感受？

学生：支付便捷。

教师：为什么刷脸能代替密码付款呢？

学生：相貌各异，独一无二。

教师：我们的相貌真的都不一样吗？今天我们就来学习。

（板书：相貌各异的我们）

课堂活动

教师：课前我还刷了一张脸。他是谁？他的脸部有什么特征？

（出示教师的面部照片，围绕脸部特征来描述）

教师：比较一下，我和××同学的相貌有哪些不同之处呢？

（出示教师和××同学的照片，描述不同点，同时也描述共同点）

教师：我们两个相貌有很大的差异。那你们的相貌会一样吗？让我们来分组观察一下。

课件出示：出示大信封中的观察材料：镜子、笔、相貌卡片和题板。

在这节课的设计中，教师围绕"相貌特征"研究主线，利用学生感兴趣的"手机""支付宝""刷脸支付"等热点作为课堂导入，激发了学生兴趣，活跃了课堂氛围，迅速将学生引入《相貌各异的我们》的课堂学习中去，并将学生的思维聚焦到"为什么刷脸能代替密码付款"这一问题的探究中去，深入研究人类相貌的多样性和独一无二性。

4. 原有认知奠基石

科学教师要会利用学生生活中获得的经验以及学生以前学习过的科学知识，帮助学生积极进行思维建构与认知。善于利用上节课学习的内容，并以此为基础进行新内容的探究学习。学生原有的认知结构是影响新知识的学习的关键因素,因此,教师需要充分考量学生原有思维水平。教师可以通过访谈、问卷调查等前测手段大致把握学生已知的、欠缺的、疑惑的、感到困难的内容,然后在课堂中有梯度地规划学生思维发展进程,还应该在课堂上根据课堂教学的即时生成,引导学生对认知系统进行扩充、完善、建构,实现经验和知识的相互转化。

教师要创设符合学生认知、贴近学生生活实际的学习情境,在学生已有的认知基础上,聚焦可以与学生产生共鸣的科学探究问题。研究的科学问题要与学生的生活经验相关,才能激发学生的兴趣,引发学生的猜想,使学生知识体系中的原有认知和生活经验得到顺应和同化。但是,在实际教学中,在情境引入时,多数教师只有"引"而缺乏"入",即只引导学生观察到事物发展的表层现象,而没有引导学生探寻背后的理由(或依据)。因此,教师需要教会学生使用"观点+我的理由是……"的表述方式,建构学生的逻辑思维。然后针对学生说出的理由,及时进行追问,挖掘出学生知识体系中与科学概念对应的原有认知。

当然小学生思维的特征还有许多,且因人而异,因时而变,这就需要科学教师静心观察,潜心研究,寻求获得最佳的思维激发效果的接入点,展开自己的教学。

(二)借力经验,促进学生思维拔节

实现学生经验与知识的转化,需要教师首先立足于学生已有的经验,借力学生的经验,并在此基础上引发更深入的思考和探究。具体的教学策略包括:创设情境,联系生活;暴露经验,构建新概念;概念深化,授之以"渔"。

1.创设情境,联系生活

学生生活丰富多彩,教师的教学活动设计需要紧密结合学生的实际情况,创设一定的生活情境,激发学生的探究欲望。如教学《电路出故障了》一课,教师先创设导线被老鼠咬断的情境,发现小灯泡不亮了。为什么呢?学生进行猜测、思考,并组织进行讨论。小组自主设计实验,开展研究论证。通过动手实验,观察分析,推理论证,检验观点。这时教师再把"电路检测器"提供给学生,有针对性地拓展学生思路,增加学生探究活动的目的性。

学生在这一活动中主动联系生活经验,探究活动更是有血有肉,贴近学生实际,学生的兴趣更浓厚,研究的氛围更热烈。

2. 暴露经验,构建新概念

学生的前概念中有很大部分来源于生活经验。课堂中,先要让学生的已有经验充分暴露,然后教师才能有针对性地开展教学活动。

如《生活中的静电现象》一课,学生用塑料梳子梳头发后靠近碎纸屑,发现了塑料梳子吸引碎纸屑的现象。这个活动,让学生在课堂中切身感受到静电现象,让他们对科学概念有了初步感知,再让学生谈谈生活中的一些静电现象。这时候,学生的已有经验充分展示:有的介绍脱毛衣时发出的噼噼啪啪声,看到小火星;有的说开车门有时候会被电到;还有的说开电风扇时也被电了一下。这些回答中所呈现的学生的前概念有些是正确的,而有些是模糊不清,甚至是错误的。教师针对学生的回答,进一步安排活动,组织多种活动感受静电,让学生在活动中形成对静电的理解:通过摩擦等方式可以让物体带电,这就是静电。普通的摩擦,带的电量很小,不需要恐慌。

在这节《电》单元起始课中,充分暴露前概念,然后通过各种活动感受静电现象,纠正了学生部分错误的概念,为正确概念的建立打下了扎实基础。

3. 概念深化,授之以"渔"

学生的学习最终是为了将科学知识应用于生活,课堂教学的最终指向是"授之以渔"。如《导体与绝缘体》一课,学生通过"电路检测器"检测生活中的一些物体是否容易导电。在这个活动中,学生使用的工具是导线、小灯泡和电池,实验效果比较一般。利用这一验电工具,对于一些金属材料,是非常容易得到"金属容易导电"这一结论的,而一些像铅笔芯、水、手指等物体,虽然具有导电性,但因为比较弱,借助这套验电工具并不容易被探查。那是不是会让学生形成错误的概念,认为这些就是绝缘体呢？如果在课堂学习后,有好奇的学生把铅笔或湿木头插进插座,那岂不是非常危险？于是,教师又设计了进阶的研究活动,加入一个二极管制作一个电路检测器的放大版。在介绍原理的基础上,学生明白了有些物体虽然看似不容易导电,但借助改进的工具,就能发现它们其实是可以导电的,只不过相对而言导电性差一些,并不能归为绝缘体。

  这样的课堂中,两个活动呈递进关系。学生在活动中运用知识,掌握技术,发现问题,服务于生活。以后他们会知道有些看似不导电的物体,其实并不是绝缘体,导体的导电性也是有强弱之分的,通过这样的探究,学生再也不会去做一些跟电有关的危险活动。而且,通过这样的活动,学生再次遇到类似的问题时,就会进行深入思考,思维更加严谨细致。

从前概念到科学概念的实现策略

活动是学生科学概念建构的载体，有效的活动需要建立在认知冲突的基础上，教师要设计适合学生科学思维能力发展的教学活动，助推思维生长，促进深度理解和学习，使学生在活动中建构科学概念。立足于单元起始课，单元教学需要带有单元特点，教师要对起始课教学目标进行统筹设计，给学生提供清晰的学习路线。在正确剖析学生思维后，就需要针对学生模糊的前概念，即学生已有的理解和认知基础进行逆向的预设，思考最适合学生、最符合学生认识思维的教学活动以及教学环节的呈现方式，有针对性地设计课堂活动，层层递进，转化、纠正学生可能的错误前概念，使模糊的前概念不断清晰化、结构化。

同时，教师必须采用各种手段使课堂"活"起来，激发起学生的兴趣，设计生动活泼的课堂活动方式和内容，刺激学生的大脑，使学生保持长时间的兴奋状态。设计新颖的教具、教学软件、图片、多媒体课件等帮助教师进行有效的教学活动，使课堂学习活动丰富多彩，形式多样，使学生真正轻松地学习，使每个学生都能得到充分发展。

基于学生经验的教学倡导从学生的经验起点引入教学。具体教学中，可通过创设真实的实验情境，激活学生的原有经验，改造学生的错误经验，促进学生积极思维,高效学习。

(一)趣味预设,联系学生前概念

在课前活动或课堂引入的教学设计中,如果教师已对整个单元内容进行梳理,了解、剖析了学生对本单元相关内容的前概念情况,就能够更精准、更全面、更科学地进行适应学生的教学设计。例如,《光和影》一课教学中,教师巧妙设计课前活动,联系学生前概念。

教师:老师发现我们的同学们非常活泼聪明,很能举手发言,作为奖励,老师给大家带来一只小动物,想不想看看?

学生:想。

(教师开始手影表演)

学生:这个我也会!

教师:哦?你们也会?

学生:当然!

教师(到学生中间去)叫几个同学上来表演手影。

(学生尝试表演)

教师:你们比老师还厉害啊,那增加点难度敢不敢挑战?

学生:敢!

教师:哪位同学能用身体的其他部位造一造影子,用影子写一个"大"字?

(学生上来表演)

教师:这也难不倒你们,那再难点,哪两位同学能合作用自己的影子写一个英文字母"H"?

(学生上来尝试,如果做不出来,教师可尝试帮助)

教师:你们真聪明,而且很勇敢,等下上课的时候能不能继续保持这个劲头?

学生：能！

教师：刚才我们用影子玩得开心吗？

学生：开心！

教师：其实很多游戏都包含了科学知识，我们今天来说一说影子（板书：影）。你们平时还在什么地方看到过影子？

在这个课前活动中，教师设计了玩影子游戏，在迅速活跃课堂气氛的同时，引出"影子"的前概念。其实，物体的影子是学生生活中熟悉的事物，几乎所有学生都经历过影子的大小、长短的变化，感受过不同物体的影子形状是不太一样的。那么，影子的大小、长短和形状是由什么因素决定的呢？学生在脑海中可能只有一个模糊的前概念。学生在做"身体造影"游戏时，需要调动他们对影子的生活经验，并在课堂中第一次用亲身经历、实践探究的方法，动用关于"影子"的前概念来造出教师要求的"影子形状"。这个活动也提升了学生后续学习的兴趣和自信心。

前概念与科学概念的差距决定了学生对科学概念的掌握在多大程度上需要借助教师教学的帮助。教师可以通过问答、情境观察等方法探寻学生的前概念，了解学生已有认识、存在问题及教学的关键点、突破口。精准定位前概念后，教师再设置情境，引发学生前概念与科学概念在认知上的冲突，激发其好奇心和求知欲，进而引导学生进入积极建构科学概念的探究活动中去。

（二）实践探索，纠正前概念

在第一个"身体造影"的课前活动后，学生已经对"影子"和"影子的变化"产生了探究的兴趣。教师趁热打铁，通过谈话和提问，引导学生回忆"你们平时还在什么地方看到过影子""影子呈现在哪里""除了太阳下，在其他地方有没有看到过影子""生活中这么多的地方见到过的影子，它的产生需要什么

联想与结构:经验和知识的相互转化

条件"这一系列问题,通过梳理前概念,小结出影子的形成条件,即光源、遮挡物和屏。这样层层递进式的精准设问,其目的是在充分考虑到学生已有知识经验的前提下,帮助学生自己归纳出影子产生的条件。

在系列提问后,学生已经对影子产生了进一步探究的兴趣。紧接着,教师设计第二次活动,呈现学习材料。教师先以讲解为主的方式进行新的学习材料的呈现,再一次开展"造影游戏",引导学生猜测影子成因。

教师:老师给大家带来了光源、遮挡物和屏。你们能按照实验要求制造影子吗?

(PPT显示实验要求)

学生:能!

教师:先别回答得这么快,看清楚要求(PPT)。请制造三种不同的影子,想想有什么不同,并且要在屏上画下来,还要记住你是怎么造出来的,(等待片刻)看清楚要求了吗?

学生:看清楚了。

教师:请实验员上来领取材料,完成的小组请举手告诉老师,开始!

(学生分组实验,教师巡回指导)

教师:我们一起来看看大家造的影子,这些小组造的影子主要有什么不同?

学生:大小。

教师:那么老师请第一小组的同学跟大家说说你们是怎么造的?

(学生边演示边汇报)

教师:其他小组有没有补充?

……

在"造影游戏"开始前,设置"请制造三种不同的影子"的规则,并要求学生在实践活动中必须利用自己的经验,不断地尝试,让同一个遮挡物的影子发生变化,并在这个活动中使学生再次感受到影子的变化可能与什么因素有关。在学生完成第一次实践活动后,教师通过学生汇报"影子主要有什么不同,怎么造的",逐步引导学生归纳影子的大小、长短、形状可能与哪些因素有关。

教材中并没有"造影游戏"的探索活动,我们在日常教学中一般也不会设计这样的活动,而是会以直接向学生提问的方式,先让学生回忆"你在哪里见过影子""影子长短、方向与形状可能与何种因素相关"等问题,然后通过实验设计和探究来进行探索,小组汇报,获得结论。这样的课堂环节较为死板,学生是被动学习的。设计这样的造影游戏活动很有必要,因为在引出"影子"和"影子的变化"概念后,只有让学生亲身体验"同一物体的影子是有变化的",学生才会在后续的学习中去探索影子变化与何种因素有关。经过教师引导,在班级讨论后,学生可以得出影子的变化与三种因素有关:(1)光源的远近;(2)光源照射的角度;(3)遮挡物受光面的形状。接下去教师引导学生展开思考"真的像大家猜测的那样吗",引导学生继续探究。

(三)创新教具,明晰科学概念

根据建构主义理论,科学概念的学习过程其实就是学生对原有概念的不断建构、修正,逐渐形成科学概念的过程。这个不断建构和修正的过程就是概念转变的过程。目前,教育研究者对于概念转变的定义和理解基本一致,即都强调了科学概念的形成过程,认为概念转变就是由学生已有的,不完全、不准确的或完全不正确的概念通过某些因素或手段而发生改变,继而形成正确科学概念的过程。

在进行概念转变的教学设计时,应该考虑教学过程对学生的视觉、听觉、触觉等多个感官的调动,通过刺激学生的各个感官来调动学生学习的状态。

为了确保实验教学活动的顺利开展，教师可以合理地创新教具。自制教具指的是师生通过就地取材的形式自主制作而成的教具。在小学科学实验教学中，自制教具所发挥的作用是不容忽视的，它兼具"廉价"和"无价"这两个特性，可以增强学生对科学的兴趣，有效帮助突破教学重难点。在选取教具时，我们应该尽可能地呈现实物教具，给学生以更加真实的学习体验。而为了使实验教具变得更丰富，教师要对现有的教具进行创新，通过自制教具的创新为科学实验的顺利开展提供支撑，通过自制教具的合理使用为实验教学活动的高效进行创造条件，从而帮助学生转化概念。

例如，在《光和影》一课教学中，教师创新教具，帮助学生明晰科学概念。

教师：你们设计实验时有没有遇到困难啊？

学生：距离很难控制，手要抖。

教师：哦，那老师给你们另外一套材料，看看能不能解决这个难题。（PPT展示自制教具：光影探究仪）

学生：能！

教师：请组长带上刚才的实验材料来换取新的实验材料，实验完成后请写下你们的发现。

（学生小组实验）

教师：你们有什么发现呢？

（学生汇报）

学生在探究"影子的长短与光源照射角度有关"这个问题的过程中，教师通过之前的教学经验，预设学生在进行该探究实验时，会发生手抖、不容易控制光源角度的困难。为解决上述困难，教师通过自制教具，利用教具创新，精准控制光源变化，教具直观演示在光源角度发生变化时，影子也会随之发生变化。使用自制教具"光影探究仪"后,实验的可探究性增强,实验现象直观,使学生更容易猜想影子长短变化产生的原因,理解光的传播路径,形成准确的科学结论。

科学实验所展现出的神奇现象会进一步激发学生的探究热情,使他们主动对科学知识进行深入探究。在教学中,如果教师一味地以讲授的形式将知识传递给学生,将导致学科的趣味性被削弱,不利于学生对科学概念的理解和学习。通过创新教具,学生能更好地发现科学学习的魅力,同时也使实验教学变得更直观明了。由于学生的理解能力还处于发展的阶段,在学习科学知识的过程中可能会出现困难,尤其是面对抽象性比较强的科学知识的时候,他们容易产生困惑。通过自制教具,可以达到寓教于乐的效果,帮助学生明晰科学概念。

(四)迁移应用,巩固科学概念

学生获取知识的目的不是简单的累积知识,而是要学会迁移应用知识,解决实际问题,因此,教师要教会学生将同一种知识或技能灵活应用于不同的情境之中,提高知识迁移应用能力。教师在设计教学时,应给予学生应用科学概念与科学知识的机会,突破科学与生活实际之间的界限,这有助于巩固学生对概念的理解,促进学生调动课堂所学来解决实际问题。如在《光和影》一课中,教师设计了迁移应用的手影游戏,来巩固刚刚获得的科学概念。

教师:看来真的像大家所猜测的那样,你们怎么这么厉害啊?

学生:当然。(笑)

教师:那我就要看看你们有没有真的学到本领,课前的游戏中有很多人会做手影,那怎么做能让自己的手影变大变小呢?

学生:我能!

教师：你怎么做呢？

学生：离光源近一点。

教师：你用到了今天学的哪条知识？

学生：影子的大小与遮挡物到光源的距离有关。

教师：你学得很快，那怎么做能让自己的影子长一些呢？

学生：让光源照射的角度小一点。

教师：你用的是哪条知识？

学生：影子的长短与光源照射角度有关。

教师：都学得很快，那怎么做能让自己的影子又长又大呢？

当学生构建了有关光和影的科学概念后，教师继续结合课前的"手影游戏"引导学生用课堂上获得的科学知识"影子的大小与遮挡物到光源的距离有关，影子的长短和光源的照射角度有关"来解决实际问题。

学生在运用科学概念解决实际问题的过程中，会意识到科学概念比前概念更合理，能解释更广泛的现象，从而更深刻地理解、巩固科学概念。科学概念的迁移应用是从抽象到具体的过程，教学既要循序渐进，在已有科学概念基础上进行巩固，又要有所深入，逐步将科学概念系统化。

科学的本质是对自然事物及现象的解释，概念是其表达方式，这种解释需要相关问题、经验、材料、探索等作为支撑。在前概念和科学概念之间建立联系，构建层层递进的教学活动，概念转变就有了逻辑起点和支点。时代在不断发展，学生也在不断形成新的经验，有效的教学设计能引发学生积极情感和学习主体性的活动，强化学生的体验和感悟，有利于他们在面临新的科学问题时，正确思考和对待，从而能更多地关注生活中的科学，更好地将课堂学到的知识运用到实际生活中去。

第二辑　活动与体验：
学生学习机制的形成强化

"活动与体验"解决的是深度探究的学习机制的问题。"活动"是以学生为主体的、学生主动参与的学习活动；"体验"是学生在活动中产生的内心体验，活动与体验相伴相生、相辅相成。

学生的学习是在教师的带领下主动活动，通过科学游戏、模拟实验、科学探究、工程实践等方式，体验科学原理、发现科学概念，即学生通过自己的主动活动自主建构科学概念。

学生的主动活动需要教师的引导以及教师对教学活动内容、过程和方式的精心设计。

一

以游戏推进概念的建构

游戏式教学是教师教学的辅助工具，主要目的是帮助教师达成教学目标，让学生学得更加轻松快乐。

小学科学教育倡导从儿童的立场出发，设计学生喜闻乐见的科学活动，创设愉快的教学氛围。在游戏活动中体现科学本质，更加符合学生的年龄特征和发展规律。但是，科学规律的发现是严谨的，儿童的天性却是自由的，如何让严谨的科学和儿童天性相互融合，让科学课堂既有科学味，又有儿童味呢？这就需要教师结合学生认知特点，充分利用学生的注意规律，将无意注意和有意注意相结合，以游戏的形式激发学习动机，通过环环相扣的游戏环节推动科学概念的建构。

（一）聚焦主题，生成科学问题

科学学习的底层逻辑出发点是质疑并猜测，带着问题研究。问题是产生思维的前提，更是思维的驱动力，只有探究问题的目标明确了，整个探究活动才能顺利开展。这里所说的科学问题，是针对客观世界中的物体和事件提出的，既与科学课程标准中的科学概念相联系，又与学生的生活经验相对接，这样的科学问题能更好地引领学生参与各种科学探究活动。而游戏化的学习情境，能使学生产生代入感，激发问题意识，聚焦问题研究。

例如，在《水》这一课中，教师利用一个会讲故事的"水宝宝"，唤醒学生对于水的特点的探究欲，同时聚焦问题：水是什么样的？和我们有什么关系？

教师：今天我请来了一个会讲故事的水宝宝。边看边思考，你发现了水宝宝的哪些新本领？

（播放视频《水的故事》）

学生总结：水可以解渴、让花朵绽放、洗东西、洗头发、分成小水滴、让食物湿润、溶化糖，水没有固定形状，能灭火、养鱼、变成冰、变成水蒸气、将阳光折射出彩虹。

教师：根据视频和生活中你对水的了解，说说水是什么样的，和我们有什么关系？先组内讨论，再全班交流。

教师：你们的回答可概括成三部分：存在、用途、和生物的关系。

【存在】以水蒸气、冰、江河湖海、淡水、露、冰雹等各种形式存在。

【用途】清洗物品、灭火、在上面开船、做实验、玩水、游泳。

【和生物的关系】植物、动物离不开水，光合作用。

（学生通过交流，画出水的网状图）

通过全班同学的交流，充分暴露前概念，在讨论中教师引导学生将水进行分类，并且画出关于水的网状图，展现思维过程，促进学生科学思维的发展。

（二）游戏进阶，深化探究过程

小学科学探究学习的对象主要是真实的物质世界，探究活动过程就是对物质世界中的科学现象寻求符合规律的解释，从而增进学生对真实世界的科学理解。这就需要营造真实的、吸引人的具体情境,在这样的情境中提出驱动性的任务,让学生沉浸其中,并饶有兴趣地去探究。游戏是最符合小学生心理特点的具体情境,抓住这一特点,科学探究将事半功倍。

在《水》这一课中,教师先后呈现了三个小游戏,充分吸引学生注意力,激发其探究兴趣。第一个游戏是玩"如意罐"。

教师:你们玩过水吗?怎么玩的?我们今天也玩水,而且更好玩。

教师:这是什么?(出示"如意罐"——易拉罐)它叫如意罐,看看它有什么特点?(罐底带孔)罐底有5个小洞,我可以让水流出来就流出来,不流出来就不流出来,想不想亲眼看看?

(教师表演竹篮打水及五水汇流)

教师:好不好玩?想不想玩?我提出一个任务和一个要求。

【出示任务】在玩中思考,发现水有什么特点。

【出示要求】两个人玩一个水槽和如意罐,每个人都要玩。

实验结束,学生交流:通过玩这个游戏,你发现了水的什么特点?水是会流动的,没有固定形状。它的流动是能被阻碍的。

通过"如意罐"小游戏,学生在玩的过程中,全情投入,一边玩,一边思考水的特点,通过充分的感知和体验,发现水会流动的重要特征。学生通过游戏,非常自然地理解了这样的科学概念:"水是会流动的,没有固定形状。它的流动也是能被阻碍的。"

接着,进入教师设计的第二个小游戏"小水轮"。

教师:还想再玩吗?在原来的基础上,我再给你一个小水轮,你可以怎么玩呢?(出示小水轮)

学生：让小水轮转起来；让小水轮转得更快；让小水轮按不同方向转。

教师：边玩边思考，有没有发现水的新的特点。

（每个组的组长领取小水轮，和如意罐一起玩）

（学生交流：水是有力量的）

教师：这个力量在游戏中有什么用？——推动小水轮旋转。这个力量在生活中有什么用？——推动大型的机械运转，甚至还可以用来发电。

教师：人类利用水有力量、会流动的特点，让它来帮我们做许许多多的事情。我们又玩出了一些名堂，还要不要继续玩？

通过玩小水轮，学生进一步体验到了水不仅会流动，而且水的流动还赋予了水以力量，这种力可以带动水轮转动，学生充分感受到了水力的存在。接着，学生进入第三个小游戏"猜猜水在哪个袋子里"。

教师：我们来玩捉迷藏，调皮的水藏到了7个黑色的袋子里，我要找到它，在不打开袋子的情况下，你有什么办法能快速地找到水吗？

游戏规则：每一个袋子上都有编号，把你认为是水的袋子的编号撕下来，贴到记录表上。

（1）如果觉得水不止一袋，可以在表格里贴多个标签。

（2）游戏过程中不能打开袋子。

（3）接触袋子时一定要轻。

教师：将你们认为不是水的袋子放回盒子里，是水的袋子放在桌子上。

（学生交流：为什么1、2、5、7号袋子里不是水）

教师：我们发现3、4、6号袋子里物体的特点非常接近。你有什么方法来区分它们吗？

学生：看、听、闻、摸。

教师：用听的方法判断一下，哪一袋肯定不是水，拿到水槽里。再用闻的方法判断一下，最终找到哪一袋是水。

教师：在这个游戏中，你们发现了水的什么特点？哪几个袋子里的物体和水很相似？我们看看，它们分别是什么呢？为什么说它们相似呢？

学生：会流动、没有固定形状 —— 它们有很多相似之处，它们都属于液体。

教师：我们再来看看，1、2、5、7号袋子里分别是什么，它们中哪几个是同一类的。

在"猜猜水在哪个袋子里"这个游戏活动中，鼓励学生用看、听、闻、摸各种方式共同对比各种物态的特点，找出相同之处，分辨不同之处，进一步归纳出液体的特征。

这节课，教师通过三个游戏，让学生在玩中学，运用了多种观察的方法，比如看、听、闻、摸；还发现了水原来是一种液体。通过做游戏的方式，学生的思维方式不断发生变化，知识结构在不知不觉中完成系统化的提升。

（三）儿童化呈现，促进有效表达

科学教学要聚焦于儿童科学思维能力的培养，小学阶段的学生对事物充满着好奇，对直观事物感知较强，他们的学习动机往往取决于对学习的对象是否感兴趣；他们的思维以具体的形象思维为主，对事物的判断主要以生活经验为主，同时他们的感知、记忆、表达，促使他们的抽象逻辑思维慢慢开始发展。因此，教师应理解和把握儿童的认知特点和发展规律，运用一定的策略，为学生创造形象直观的儿童化呈现方式，让学生把所获得的丰富的感性认识和经验，以简约化的符号、文字、数字、图画和连线等方式，利用板书、照片、录像等载体呈现出来，使他们获得视觉、听觉等感官的冲击，从而留下深刻的印象。

在《水》这一课中，教师运用了多种儿童化的呈现方式，发展学生的形象思维和抽象思维，加深对科学概念的进一步理解。如在导入环节，教师采用了音乐喷泉的视频以及水宝宝的故事视频，以这种儿童化的呈现连接学生的生活，引起学生的注意，聚焦研究的问题。

又如探索环节，教师设计了"好玩的水"三个游戏——如意罐、小水轮、猜猜水在哪个袋子里。以三个儿童喜闻乐见的小游戏，让儿童在体验中表达自己对水的特征的理解。最后用"可怕的水"溺水新闻图片对低年级学生进行水的安全教育。再如，在研讨环节，"水的认识"网状图用直观形象、动态变化的导图来形象地表达学生对水的特征的认知结构，清晰明了。

二

基于实证的探究实验

科学探究一直以来强调"动手动脑学科学",无论是动手实操的过程还是动脑思考的过程,实质上都是收集科学实证的过程。科学实证是预测设计实验的手段,也是评估反思实验结果的前提。基于情境教学的实证过程符合学生的最近发展区,满足学生对科学的好奇心和探究热情,培养学生基于证据的推理能力,发展学生高阶思维。

(一)从抽象到具象,形而象之

科学探究首先要考虑如何寻找证据,阐述概念,来证明概念的存在。概念也需要证据来证实解释。很多时候,课堂教学会利用概念来解释现象,但会忽略概念本身的建构。在课堂教学中设置情境是促使学生开展有效学习的有力手段。科学的概念、思维、方法的建构必须在学生实践活动中去充分地理解和发展,才是真正意义的学习。在小学科学教学中,教师必须创设更多的情境,让学生身临其境、饶有兴趣,从而积极主动地参与科学学习。

以《我们来造"环形山"》为例,教师巧设"悬念"情境,激发学生主动思维。

教师：我给大家介绍一位朋友，猜猜它是谁？（出示嫦娥一号图片）

教师：想不想看它拍的第一张照片，你看到了什么？

学生：有很多大大小小的坑。

教师：根据你对环形山的了解，说一说环形山的基本特点。

学生：大小不一；有些深，有些浅；大的环形山里还有小环形山……

教师：来深入了解几个特殊的环形山。（出示图片）

利用悬念设置可以盘活思维。例如在猜测环形山成因时，学生观看陨石撞击模拟视频，独立思考"对陨石撞击说有什么疑问"，这对于学生来说是一个新的挑战，学生学习的兴趣被激发出来了。这些情境的设置，为课堂注入新的活力。

（二）化无形为有形，觉而悟之

无形的概念在科学解释中是最困难的，需要学生先感觉到，然后体悟思考。所以提升科学论证力，需要培养学生的敏悟能力。学会联想，学会联系，化无形为有形，借助科学材料或科学活动，间接反映无形的概念。

例如，在《我们来造"环形山"》一课中，学生对于环形山的概念仅限于图片、视频或者科普读物，这时，通过让学生造环形山，让学生以模拟实验的方式来探究环形山的成因，就可以化无形为有形，促使学生寻找环形山形成原因的证据。教科书中设计了两种方法：由内向外的喷射法和由外向内的撞击法。用两种方法造环形山，自然会让学生联系到环形山成因的两种学说——火山喷发说和撞击说。让学生根据实验的情况开展对这两种学说的分析和讨论，有助于学生理解环形山的成因，化无形为有形。

（三）一分为二看问题，论而证之

提升学生实证能力，学生要练就缜密的思维，想得细、想得深、想得全。培植"辩证"意识，增强一分为二看问题的能力，拓展角度，集思广益，探索问题的本质规律，让学生思维逐渐强健起来。

在《我们来造"环形山"》一课中，教师引导学生独立思考，猜测环形山形成的原因。

教师：结合环形山的特点，请你思考并分析，环形山形成的原因是什么？
学生：可能是陨石撞击形成的。
教师：陨石撞击说确实是当今科学界主流，但请大家观察不同的环形山特征，你有什么发现？
学生：有些环形山中间有山峰，如果是陨石撞击形成，怎么会形成山峰呢？

学生产生质疑，带着问题开展"造环形山"活动，从中获得证据，这样的模拟实验更有深度、有意义。模拟实验完成后，学生交流讨论关于环形山成因的新观点，对之前提出的疑问，能收集到证据及不能在模拟实验中获取证据的都直观展示在黑板上。再根据交流讨论，模拟火山喷发"造环形山"，对比两个模拟实验，在实验中寻找更接近环形山的真实成因的有力证据。通过设计辩证环节，学生能在前概念上有所发展，并能对月球上的环形山有更深了解，使学生能在课后，对学到的科学学习方法进行运用，增强学生探索宇宙的兴趣。

（四）步步为营理线索，探而究之

科学探密，必先有证据意识。在探究过程中，学生要会"探"会"究"，对探得的线索，能够深究到底，寻找结论。因此研究问题的指向性极其重要，问题设置得法，导向正确，学生方能沿着猜想寻找证据，验证猜想的正确性。

在《我们来造"环形山"》一课中，教师的教学手段有效引导学生理清线索。

首先是指导学生收集证据。要求学生收集陨石撞击形成环形山的证据；也可以搜集证明环形山或者部分环形山不是陨石撞击而形成的证据。那怎么收集证据呢？指导收集证据的方法：造出来的"环形山"和真实的环形山有哪些相似之处，就是要找的证据。因为在模拟实验中能造出一个环形山，那么月球上也能这样形成类似的环形山。

其次是提供有结构的材料。要使学生收集证据更有效率，模拟实验材料的选取非常重要。教师提供给学生的实验材料经过多次改良，既能清楚地造出"环形山"，又比较接近月球表面实际，贴近学生的日常生活。学生有能力通过对材料的探索来发现问题，解决问题，获取新知。

最后是用照相机记录证据。教师采用照相机记录学生求证过程中的证据，符合模拟实验中要多次造"环形山"的实际情况，也为之后学生交流提供最真实、最有力的实证。

教师通过造"环形山"的活动来帮助学生认识环形山，重点不是让学生真正找到环形山的形成原因，而是在造一个相似的"环形山"的过程中有所思，有所悟，能作出有根据的推测，让学生在基于实证的探究实验中建立证据意识并获得收集证据的方法。

三

探究实验中的生成式学习

探究性学习是一个主动的过程,特别强调学生的主观能动性,生成式学习就是学生基于原有的认知结构,与从环境中接受的感觉信息,即新的知识相互作用,主动选择信息和建构信息的意义。在教学过程中,教师调控着教学的每一个环节,是教学的主导,对生成式学习时机的正确捕捉,能使一堂课收到意想不到的教学效果。

小学科学课几乎每节课都有探究实验内容,将近一半的课程里一堂课有两个以上的探究实验。在实际教学中,有很多实验课学生只是一味地模仿实验,没能与已有的知识结合起来思考,实验只停留在启而不发的层面,探究效率低下。如果能够从学生的认知基础出发,结合学生的年龄特点和心理特征,充分发挥探究实验的作用,引导学生学会自主学习探索,不仅能够使课堂熠熠生辉,更能让学生掌握良好的科学学习方法,从中获得成功的体验。因此,在每个实验中,教师需要尽量创造各种条件,引导学生在发现和探索过程中不断地自我生成,在潜移默化中养成良好的学习习惯,提高探究实验的效能。

（一）学会发现问题，生成问题，培养探索意识

在实验教学中，缺少的不是问题，而是发现问题的意识。当学生发现的问题值得大家研究时，能够充分激发学生探索的意识和动力。小学生有着丰富的想象力，但由于缺少知识经验的支持，当他们看到一个新事物时，首先萌发的想法往往是"这是什么""为什么会这样""这样有什么作用"等，但这些问题随着"仿做实验"的进行会被逐渐忽略，最后演变成机械地跟随、僵化地亦步亦趋、被动地接受知识。在教学中，教师需要引导学生观察、联想，从而发现问题并形成"问题串"，让学生随着课堂教学的深入逐步探索并解决问题。学生在尝试发现问题和收获成功之间不断地"发现 — 研究 — 成功"，最终形成"条件反射"，在每次实验中养成发现问题并生成问题的探索习惯。

如教学《定滑轮和动滑轮》一课，学生在前一课已经掌握了定滑轮及其作用这一知识点，教师直接出示了简易的吊车模型，学生能够顺利地找出定滑轮，但同时会发现另一个滑轮有所不同。这时教师抛出"问题串"——"这个滑轮和定滑轮有什么不同？""看着这个滑轮，你有什么想法？"，学生通过观察提出许多的问题。

问题1：这个滑轮为什么没有固定的位置？
问题2：这样放置有什么作用？
问题3：这个滑轮和定滑轮的作用相同吗？
问题4：这个滑轮安装在吊车上是不是能够省力？
……

学生观察，同时思考他们自己所提出的问题，这时教师引导学生装配好动滑轮，并自行探索、解决上面的问题。通过自主探索，学生表述了自己的观点：

学生1：这个滑轮可以上下活动，所以没有固定位置。

学生2：这个滑轮不能改变用力的方向。

学生3：这个滑轮用的时候能够省力。

……

如此一来，一个知识的难点就迎刃而解，轻松地达到了教学的目标。学生在自行探索中发现问题、解决问题，增强了问题意识，也培养了探索的精神。

通过教学实践，能够发现经过观察提问后，进而自己研究、解决问题的学生对知识的掌握程度更高。

（二）尝试猜测结果，生成假设，诱发探索欲望

科学问题的提出，是学生科学探究的动力。对于研究的结果进行有依据的猜测，能够诱发学生证实自己思维方法正确与否的欲望。在教学过程中，很多实验都有预测的环节，但教师往往会忽视这个环节，学生也常常片面地认为预测错误是不好的。其实，预测是实验的重要组成部分，预测的正确与否跟实验结果是没有关系的。预测只是学生前概念的暴露，为了充分暴露学生的前概念，也为了打消学生担心预测错误的顾虑，教师应该在实验教学过程中，强调预测的正确与否与实验结果无关，同时还可利用一些教学情境让学生猜测结果，并谈一谈猜测的依据，猜想解决问题的方法等，使学生学习时思维有方向，探索有目标，从而充分调动学生的学习积极性和主动性。

如在《物体在水中是沉还是浮》一课的教学中，教师出示各种准备好的实验物体，让学生猜测：哪些物体会浮？哪些物体会沉？并说说自己预测的理由是什么，得到了以下几类猜测依据。

学生1：物体的轻重决定它的沉浮。

学生2：物体的大小决定它的沉浮。

学生3：物体中间是空心还是实心决定它的沉浮。

……

让学生动手做实验进行验证后，观察交流每种物体在水中的情况，比较预测和实验结果，并思考预测和结果不同的原因可能是什么。学生根据结果很快就发现，这些物体构成的材料不一样，必须是同种材料才有可比性。接着学生继续提出猜测，同种材料构成的物体在水里的沉浮可能和它的大小、轻重有关系。此时学生的探索欲望非常强烈，教师抓住时机让学生自己做实验证实刚才的猜测是否正确。让学生用橡皮和苹果，并把它们切成二分之一、四分之一、八分之一……分别进行实验，结果很快就发现跟物体大小和轻重也是没有关系的。学生体验到从猜测到验证这一成功的快乐，不仅牢牢地掌握了知识点，也诱发了主动探索的欲望。

有依据地进行猜测能够充分打消学生想说又不敢说的困境，让学生讲话有了依据，有了思考，当发现自己猜测错误的时候，又能够及时地去反思自己为什么错了。

（三）设计奇异实验，生成方案，触发创新灵感

好的灵感大都来源于细心的观察和大胆的质疑。小学生由于年龄的原因，在认识上的广度和深度上有局限性，他们对许多的自然现象既觉得有趣，又觉得不可思议。当学生发现自己的想法得到意想不到的效果的时候，他们的学习热情会高涨，教师可以乘势引导他们发现问题，触发他们思维的火花，进而解决问题。

比如在教学《用水测量时间》一课时，通过滴漏实验，学生发现随着水位的下降，滴漏的流水越来越慢。此时教师问学生，怎样才能够让水流的速度长时

间地保持不变?如何来证明自己的观点?学生通过思考得出:水流速度可能和水位的高低是有关系的,如果能够保证水位不变,水流的速度应该就不会变化。学生提出的具体设计方案如下:

1.细致地观察水位变化,在水位降低的时候,及时地补充新的水到原来的水位高度就能够保证水位不变。

2.让滴漏里的水始终保持满的状态。(和第一条类似)

3.在滴漏的一定高度上设计一个溢水孔,用细流水不断地加入,多余的水则顺着溢水口流走,让滴漏的水始终保持一定高度。

……

所有的实验设计都指向水位保持不变。为了验证这一观点,学生实验组内分成两组,一组关注滴漏的水位,当水位下降的时候,用注射器往滴漏里加水,尽量保持水位在同样的高度。另一组则计时记录,在水位基本不变的前提下,测量单位时间内滴漏滴水的速度。实验结果验证了学生的猜测,学生成就感大大增加。当学习下一节课《我的水钟》时,学生很好地解释了书本中古人设计多级滴漏来保证计时的长久性和准确性,更有不少学生把这个自己研究的结果运用到了水钟的制作上。

再如学习《轮轴的秘密》一课,教学新内容前,教师先请一个高大的学生和一个矮小的学生比力气大小,力气大的同学毫无悬念地胜出。这时教师顺势提问,你能否设计让力气小的同学轻松获胜的实验?眼尖的同学发现了窗台上的实验材料——啤酒瓶。学生建议让力气大的同学握小头,力气小的同学握大头,这样尝试可能会成功。按照上述方法进行实验,果然力气小的同学稳赢不输。学生被这个出人意料的结果所吸引,并表现出急于求知的热情,教师乘势引导:你能否找出你所认为的输赢关键之所在?引出课题后,整堂课学生都被这有趣的知识所吸引,探究欲望高涨,充分体现了自己的探索才能,并提出了许多创造性的问题,轻松地掌握了该堂课轮轴怎么使用能够省力的知识点。如果在课堂上直接以啤酒瓶做实验引出课堂,学生则一直是被动地参与活动,教师不能引导学生进行思考,课堂显得相对沉默,学生的灵感无法触发。

(四)学会分析数据,生成结果,培育合作能力

现代社会是一个高速发展的社会,是科技发达、信息流通的大数据时代,人们获取信息越来越便捷。如果我们在实验教学中,让学生学会数据的分析和分享,就能有效提高实验效率。随着年级的升高,一节课的教学内容里安排多个实验已经成为常态,特别是五六年级强调的对比实验,两个看似不同研究目的的实验,都或多或少地存在着一些联系。如果按照实验的规程按部就班地分别进行实验操作,会有相当一部分的重复,造成实验的时间过长。这个时候就可以让学生思考,实验中是否可以巧妙地利用实验之间的联系来共享实验数据,以此来提高实验的效率。

例如,在《摆的研究》一课,在排除了摆幅是影响摆摆动快慢的因素之后,重点研究摆动的快慢和摆锤的重量以及摆绳的长短两个因素之间的关系。在设计实验后,教师提醒学生,能否在两个实验间进行数据上的共享?最终学生找到了方法:在研究"摆速和摆锤重量关系"的实验前,有意识地把摆绳分成三份,以其中一份长度的摆绳固定下来,作为后续研究摆速和摆锤重量关系实验的摆长。第一个实验后,可以把研究"摆速和摆锤重量关系"实验得到的最后一个数据,直接应用到下一个实验,作为"摆速和摆长关系"实验中原来摆长的实验数据,接着直接把摆绳增加到两倍长度进行实验,从而共享一组实验数据。

学生体会"实验可以合理地共享数据"的优势后,接下去的课堂中,在实验开始前,他们都会先思考怎样合理地整合实验,从而达到省时省力的效果。

通过实验探究的教学实践证明,教师在教学过程中,应积极地创造各种条件,放手让学生去发现问题,有目的地猜测结果,自行选择探究方法,把学生作为问题的发现者、知识的探索者、矛盾的解决者。从学生实际出发,多组织学生结合亲身实践去探索,激发学生对科学现象进行探究的主动性,增加学生学好科学课的乐趣和自信,引导学生主动参与学习的全过程。让学生在整个学习的过程中始终处于主动积极的主体地位,并充分开发潜能,在生成式学习中培养学生的探索意识、探索精神,诱发探索欲望,触发他们的创新灵感,培育合作能力。

四

活动间过渡环节的优化策略

在教学目标这条主道上的一个个教学环节好比是颗颗珍珠,而各个环节间的过渡则是串联珍珠的丝线,缺少这条线,再好的珍珠也成不了美丽的项链。在一堂课中,课堂过渡就是把教师施教的各种手段,各环节的内容、方法等有机地串联起来,给学生一个完整的学习过程,使整个课堂上下贯通,结构紧密,浑然一体,并以整体形象让学生感知活动过程。

小学科学课堂教学中的过渡方式是十分重要的,它是集教师所讲内容的重点、难点及小结于一体的,它也是教师引导学生向更高处攀爬的阶梯,可以帮助学生打开思维的大门,更好地迎接新知识。好的过渡方式,或能穿针引线,使教学环节前后呼应,连贯完整;或能激起悬念,使学生对科学探究充满好奇,兴趣盎然,使学生主动学习,探求新知……

(一)激励式过渡

激励式过渡可以起到激发学生探究热情,增强探究信心的作用,能很好地传递教师对学生的期许和鼓励的积极心理暗示。三年级上册《水》一课的教学过渡就经历了这样的改进。

> 首次过渡设计

教师把学生原先了解的有关水的知识表示在网状图上后,要进行下面的"水在哪个袋中"教学,教师这样过渡:

教师:水到底是怎样的物体呢?接下来我们要对水进行观察。观察方法有哪些呀?

学生:看、听、闻、摸……

教师:老师这里有七样物体,分别是……老师把它们装在黑色的袋子里,只能先通过摸的方法来探究各袋子里分别装的是什么物体。

教师把学生的前概念充分暴露后,设法通过"暗箱"游戏来进一步完善学生对于"水是怎样的物质"的科学概念的建立,教学设计思路很好,但两个教学环节的过渡,思维有跳跃,教学进程不能很好地顺应学生的思维。此时,教师应该根据学生的年龄特点和思维进行过渡设计。三年级学生喜欢老师的称赞与认可,有经验的教师就会适当运用激励式过渡教学环节,激发学生学习的热情和冲劲。

> 改进后的过渡设计

完成网状图教学后,教师的过渡如下:

教师:你们对水的了解真多呀,真厉害!下面老师考考大家,看谁能在看不见物体的情况下找出水来,并说出你的理由。

教师:老师这里有七样物体,分别是……老师把它们装在黑色的袋子里,请大家先通过摸的方法来探究哪个袋子里装的是水,并说出你的理由。

这样的过渡语顺应学生的心理特点,一下子就激发起他们想办法弄清哪个袋子里装着水的探究热情,为接下来的活动铺垫好兴趣和好奇的情绪。

（二）冲突式过渡

冲突式过渡是利用学生头脑中的认知冲突，故意制造矛盾，引发他们深入思考和探究的过渡方法。

六年级下册《放大镜》一课主要有三个活动，分别是："为什么要用放大镜观察"的讨论活动，"放大镜下的新发现"的观察活动和"放大镜的特点"的探究活动。在第二个活动与第三个活动的过渡方法上，首次过渡设计时，教师在上完"放大镜下的新发现"的观察活动后，问学生：放大镜为什么可以把物体放大？放大的倍数与什么有关？直接过渡到后面"放大镜的特点"的探究活动环节。

其实，在学习放大镜放大倍数与什么有关时，大多数学生的前概念是"放大镜直径越大放大倍数越大"。在设计教学时，如果能利用有结构的材料，让学生的前概念产生冲突，就能更有效、更深刻地使学生探究并建构"放大镜不是直径越大放大倍数就越大，放大镜的放大倍数取决于它的凸度"这些科学概念。由此，产生了改进后的过渡设计。

学生在用放大镜亲自动手操作的时候，教师提供两把放大镜：一把直径大而凸度小；另一把直径小而凸度大。在实验开始前的温馨提示中加一点，让学生思考比较两把放大镜下看到的同一物体有什么不同。当学生做完实验后汇报时，让学生说出他们的发现：那把小放大镜下物体的像比大放大镜下物体的像大得多。这个实验现象与大部分学生的前概念"放大镜直径越大放大倍数越大"产生了冲突。这时教师追问：为什么放大镜可以放大物体的像？放大镜的放大倍数到底与什么有关呢？学生就会针对放大镜的镜片特点去猜测思考。这样过渡能促进学生进一步明晰研究目标，促使学生思维进一步深度发展。

(三)描述式过渡

描述式过渡是基于学生对所研究对象比较熟悉的基础上,引导他们从描述现象发展到探究本质的一种活动间的过渡方式。

如在《日食和月食》一课的引入环节,教师首次设计的过渡环节如下:

首次过渡设计

教师:大家看到过日食现象吗?

学生:我看过……

教师:让我们再回顾一下激动人心的日食时刻。(教师播放日食发生的视频)

(学生观看视频)

教师:看完了日食发生的过程,谁来说说日食发生的原因是什么?

学生:太阳被月球遮住了,地球上的人们看不到太阳了……

教师:日食到底是怎样产生的,大家想不想知道?让我们来做日食产生的模拟实验……

《日食和月食》一课分为日食和月食两部分,日食部分又从"日食的发生"→"日食模拟实验推测日食成因"→"揭示日食成因"步步推进,月食的成因是在日食的基础上开展的。学生的前概念中对日食和月食产生的原因有一定程度的了解,部分学生现场或通过电视直播观察过日食,又接受过学校组织的日食活动的培训。因此,有部分学生对日食能够给出一个初步的解释,但学生对从日食与月食现象发展到其背后本质的逻辑推理能力比较弱。所以这节课的教学应该从让学生描述他们所看到的现象入手,这样学生更容易在模拟实验中有意识地制订实验方案,在对天体运动认识的模拟实验中获得更加深刻的印象，养成严谨的科学思维，学生在不断解释现象的氛围中展开对科学现象的科学解释。因此，改进后的过渡设计如下：

改进后的过渡设计

教师：大家看到过日食现象吗？

学生：我看过……

教师：让我们再回顾一下激动人心的日食时刻。（教师播放日食发生的视频）

（学生观看视频）

教师：请一位同学描述一下你看到的日食现象是怎样的？

学生：太阳被月球慢慢遮住，刚开始太阳被遮住一点点，随着时间的推移，被遮部分越来越多，最后完全被遮住了，然后……

教师：你怎么知道遮挡太阳的星体是月球呢？我们可以采用哪些方法证明我们的推测是否正确呢？

学生：从电视、电脑、老师、家长等那里了解的。

教师：这遮挡物到底是不是月球呢？我们先来观察这遮挡物有什么样的特点，哪位同学能描述一下该遮挡物的特点？

学生：圆形、不透明、看上去大小与太阳差不多……

教师：可能是月球，我们可以用模拟实验来证明。

改进后的过渡设计，让学生充分描述观察到的日食发生时的现象，在表述现象的同时，逐步关注到现象背后的科学本质，引发新的探究活动，逻辑性更胜一等。

（四）质疑式过渡

质疑式过渡追求的是一种求异思维，通常在运用常规的、顺应性思维无法突破教学环节的设计时，运用质疑式过渡，增加了接下来探究任务的挑战性，激发学生不走寻常路的求异思维。

记得在省年会上执教《我们来造"环形山"》一课之前，我来到杭州求是小学进行试教。当教学环节进行到让学生进行模拟实验造"环形山"的时候，有一个男孩子站起来大声说："老师，这些实验器材与月球表面物质相差太多，根本无法模拟环形山是怎样形成的。"当时我只是说，课后我们再一起探讨，怎样的实验材料能更好地模拟它。

课后，我对这节课的设计进行了反思。用沙子或面粉来模拟环形山形成的"撞击说"，学生在课堂上看似很喜欢，很热闹，但仔细观察，学生大多在玩，对于现象观察、证据收集，少有人在做，更不用说对学生思维发展的促进。况且，用教师所提供的这些实验材料，通过模拟实验来了解环形山是怎样形成的，的确会使学生怀疑模拟实验的可信度，而这些因素会导致学生对模拟实验的兴趣不高。我一直思考如何在分析环形山特点后过渡到造环形山模拟实验，更能让学生明确模拟实验的真正目的，并能让学生在模拟实验中真正有收获。我的想法是：让学生从特殊环形山的产生来质疑陨石撞击形成环形山的观点，并通过对模拟实验现象的观察去收集证据，进而对其进行解答；收集证据能解释质疑，更进一步肯定"撞击说"；收集不到证据或者收集到证据不能解释质疑，则进一步怀疑"撞击说"。

于是，当2012年浙江省小学科学年会在丽水举行时，我就采用质疑陨石撞击说过渡到模拟实验。

> **改进后的过渡设计**

教师：当今科学家主要认为环形山是陨石撞击形成的。同学们，根据月球上环形山的特点，你现在对陨石撞击形成环形山这一说法有什么疑问？

学生1：中央峰是怎样形成的？

学生2：环中环是怎样形成的？

学生3：为什么有的环形山大而浅，有的小而深？

学生4：地球上陨石坑为什么这么少？

……

教师：老师给大家带来了这些实验材料，看大屏幕（教师介绍各种材料的作用），请选择3个质疑的问题进行模拟实验，收集证据。实验要求……

质疑式过渡在这里起到了很好的效果，学生带着自己提出的质疑问题，去主动模拟，寻求证据，支持观点或批判观点，完全调动起了他们活动的自主性。

过渡的方式还有很多，如悬念式过渡，它是以激发求知欲、发展学生思维为目标的过渡方法。只要教师有意识地去尝试，用心去钻研，从教材内容出发，从学生前概念出发，从学生思维发展出发，采用适当的过渡形式，不仅可以降低探究活动的坡度、降低学习的难度，而且可以使教师教得轻松，学生学得愉快，学得深入。这会使小学科学课堂教学的探究活动质量螺旋式地上升，使学生的科学素养不断地提高。

五

长周期探究活动的实施

探究是小学科学学习的主旋律，大部分的科学探究活动是安排在课内完成的，但也有部分探究活动需要课内与课外相互配合。课外探究活动时间也是长短不一的，有的能在课后当天完成，属于课堂留下的尾巴，如六年级上册的"怎样用尽可能少的材料，做一个坚固的正方体框架"；有的课外探究需要几天，甚至几十天的时间去完成，属于课堂教学的补充研究，没有这个课外探究，课堂教学将受到严重影响，甚至无法继续下去，如四年级上册"记录一个月的天气日历"、四年级下册"面包发霉实验"、六年级下册"观察月相变化"、三年级下册"养蚕活动"，像这样探究时间持续三天以上的探究活动，属于"长周期探究活动"。在多年的教学实践中，我发现探究时间越长，探究有效性越差。有的探究还会因为各种原因最后无疾而终、不了了之。长周期探究活动是小学科学探究活动的重要组成部分，长此以往，将直接影响科学课的教学质量和学生科学素养的提高。如何打破长周期探究之困局，已成为广大小学科学教师面临的棘手问题。近年来许多教师在教学实践中，对小学科学长周期探究活动有效性进行了一些探索，其中一些做法取得了不错的效果。下面以三年级下册"养蚕活动"为例，谈谈提高小学科学长周期探究活动有效性的一些尝试。

（一）长周期探究困局形成原因

根据调查统计，"养蚕活动"长期以来都在小学科学长周期探究活动的实验"失败榜"中稳居前三名。分析其失败的原因，主要包括以下四个方面。

1. 硬件缺失

随着城市化进程的加快，耕地面积不断缩水，在农村里养蚕必备的桑树也越来越难找，城镇中桑树难以获得的情况更为严重。虽然学具袋里的蚕卵可供学生使用，但是蚕卵的成活率低，影响因素复杂。在大约56天蚕的生命周期里，环境的改变还有养殖方式不当等都容易使蚕夭折。

2. 引领缺失

小学科学专职老师授课班级多，教学任务重；兼职老师受其他学科的精力牵制等各种原因，影响了科学老师对养蚕活动的关注度。像养蚕这样长周期的探究活动，如果教师不亲历其中，亲自尝试，就无法完全了解其中的细节，无法解决学生观察中遇到的问题，也就无法起到相应的指导作用。同时会造成布置探究活动过于随意，任务布置不到位，对学生完成探究任务的困难估计不足。再加上小学生意志力比较弱，注意力时间短，遇到困难容易退缩，探究活动极易半途而废。

3. 评价缺失

在长周期探究活动中，任务起始阶段，学生对新事物的好奇心被激发，探究热情高涨，对探究活动有着浓厚的兴趣，能按照老师的要求比较专注地投入探究活动之中，有了新的发现会及时向教师汇报，而教师的评价语言如果过于敷衍简单，被教师忽视的评价和反馈会大大挫伤学生的探究热情。随着时间的推移，一些学生的探究兴趣会迅速回落，探究活动最后半途而废。

4. 支持缺失

长周期探究活动涉及家校共育，活动的开展离不开家长的支持。如果教师不能很好地协调,要想得到所有家长的支持,是有相当难度的。而部分学生因为上课注意力不集中,容易"玩物丧志",使得其他学科老师无法容忍,甚至把学习成绩下降原因归咎于此,缺少了班主任和其他学科老师的支持,更让这项活动的开展困难重重。

(二)提高长周期探究活动有效性的若干策略

1. 硬件保障必不可少

养蚕最大的硬件保障就是有充足的桑叶,随着桑树种植的大大减少,教师应当提前倡议家长进行桑树盆栽扦插,确保下学期开始养蚕时有基本的桑叶供应。

教师同时可争取学校的支持,与校园绿化、美化相结合,在校园里开辟科学实践基地,种植桑树。产出的桑叶前期可以提供给为提前孵化出来的蚕宝宝建立的小蚕寄养所,后期可以作为奖品,分给养蚕认真、观察细致、有新发现的学生。这样做不仅可以为学生解决一部分桑叶问题,还能大大激发学生的探究热情,提升学生对养蚕活动的成就感。

2. 示范引领无可替代

每一项观察活动,教师都亲历观察过程,不但可以提升学生坚持观察的品质、提高学生长期观察能力,而且还为学生树立了榜样。每当有学生家长反对或不支持学生养蚕活动时,教师自身也在参与实践,这比其他任何理由都有说服力。教师完整参与长周期探究活动,既可以掌握养蚕的第一手资料,与学生交流养蚕心得,同时,又能传授学生养蚕小技巧。在养蚕后期,教师可以把自己饲养的蚕宝宝作为奖品,将课堂纪律和认真程度与之挂钩。这样一来,学生上课的纪律明显提升,而好不容易获得的再次探究的机会,学生也会更加珍惜。这样既可以让学生们弥补先前的遗憾,总结经验,改进养蚕方法,又可以使老师组织的长周期探究活动得以延续,以此开始良性循环。

养蚕活动可以经历蚕的生命周期,学生兴趣高涨,但是很多学生在观察的过程中不喜欢记录,观察过后也不善于总结。究其原因,第一是三年级学生的年龄特点决定的,第二可能是由于教师布置的任务不明确或记录难度太大,学生不容易坚持。因此教师在引导学生认真观察、及时记录的同时,需要确立分层式记录方法,设计新的记录单(如下所示),从而降低记录难度,明确观察记录方向,保证每个学生的参与度。在此基础上,有兴趣的学生可以在量化表格、写实图画、卡通图画、文字描述、照片或视频等方法中任选一种或几种辅助呈现。学生的记录成果可作为后续反馈、评比的重要依据。

蚕宝宝成长记录单

记录人:

日	期	蚕宝宝成长变化	你有什么新的发现
月	日	孵化出壳	
月	日	第一次蜕皮	
月	日	第二次蜕皮	
月	日	第三次蜕皮	
月	日	第四次蜕皮	
月	日	吐丝结茧	
月	日	破茧而出	
月	日	产卵	
月	日	蚕蛾死亡	

3. 持续评价不可或缺

长周期探究活动评价必须贯穿活动始终。在活动的起始阶段,学生探究热情高,分享积极性强,会及时向教师汇报养蚕的发现和收获。这时教师不能只用"很好""不错"这样概括性的评价给学生反馈,否则学生的探究积极性会迅速消退。教师可以在上课的前一天,通过班级圈布置观察任务,建议学生把养蚕的成果用照片或文字的方式分享在班级圈里。每次课前都可以花几分钟与学生探讨养蚕新发现,对好的经验和做法进行肯定和表扬,奖励学校实践基地的桑叶,对不成功的同学进行鼓励和指导。

在整个养蚕活动中,教师可以组织"怎样分辨金丝蚕""一个蚕茧有多重""一根蚕丝可以绕操场几周""一只蚕蛾最多可以产多少卵"等探究活动,只有持续不断地评价、激趣,长周期探究活动才会更好继续下去。

在养蚕活动结束时,教师组织开展养蚕成果展示活动,展示交流"蚕宝宝成长记录单"。学生的探究成果包括蚕每周身体生长数据统计表、蚕不同生长阶段的身体形态图、学生自述养蚕故事、蚕不同生长周期的照片和吐丝结茧、交尾产卵的视频等。教师把学生上传的照片、视频收集整理以后,制作成PPT,把蚕的生命周期生动地展示在大家眼前。

最后根据学生的养蚕实物成果和记录情况评比"养蚕达人",颁发证书和奖品。同时在学校网站开辟专栏介绍活动、展示成果。这样的评价往往能收到更好的效果。

4. 争取支持至关重要

要想顺利开展养蚕活动,首先要争取家长的支持,教师可利用微信群、钉钉群、家长会、家校联系电话等渠道与家长进行沟通,争取家长对学生养蚕活动的支持。从以往对探究活动的指导来看,许多家长很有探究的兴趣,教师可以邀请家长一起加入学生的探究活动,如果家长能一起参与,则可以弥补教师在课堂教学中的不足,大大提升活动效果。

其次,要争取学校的支持,积极主动与学校领导层沟通,在不影响校园绿化、美化的前提下,因地制宜在校园里开辟科学实践基地,在校园里种植桑树,为养蚕活动的开展提供硬件保障。呼吁学校加强科学教研组建设,尽可能提高科学专职教师的比例,兼职教师相对固定、集中,为养蚕活动的开展提供软件保障。

最后,就是要经常与班主任和其他任课老师沟通,阐述活动的意义,争取其他老师的理解和配合。还可以与其他学科老师合作，比如与语文老师合作，养蚕活动为语文习作提供真实可靠的素材，语文老师指导学生如何写观察日记，这样不仅可以获得语文老师对养蚕活动的支持，而且可以让学生的观察活动更有条理。

小学科学长周期探究的困局是客观存在的，短时间内不可能发生根本性的改变。面对困局，广大科学教师与其束手无策地抱怨，不如亲历其中，作出一些新的尝试、新的改变、新的探索。

第三辑 本质与联系：
对科学概念进行深度加工

"本质与联系"解决的是如何处理学习内容才能够把握知识的本质从而实现迁移的问题。所谓"本质"，就是科学的基本概念、基本原理、基本法则。要达到掌握科学本质，需要建立科学概念逐步进阶的过程，让学生逐步理解科学的本质概念。

这个过程，不是教师的直接传授、学生的被动接受，而是学生主动参与的过程：或是"质疑""探究"，或是"归纳""演绎"，或是"情境体验"，等等。

总之，要在学生和学习活动之间建立一种紧密的联系，把握科学概念的本质，要求学生具有科学思维的品质，而这种思维品质也正是学生在对科学概念进行深度加工、把握科学本质的过程中发展起来的。

建模活动：领悟科学概念的本质

《义务教育科学课程标准（2022年版）》中明确将科学思维分为模型建构、推理论证、创新思维三大维度，并解释"模型建构"的内涵是"以经验事实为基础，对客观事物进行抽象和概括，进而建构模型；运用模型分析、解释现象和数据，描述系统的结构、关系及变化过程"。

模型建构是一种科学教育中常用的教学策略，通过自主实践和探究等方式，鼓励学生通过创建模型来探索和深入理解科学概念。通过模型建构，学生能够以直观的方式探索物理、化学、生物等学科领域的概念。

在模型建构中，学生需要通过观察、实验和评估来收集数据，并使用这些数据创建一个可视化的表达形式，如图表、图示、图像或三维模型。这个过程可以帮助学生深入思考物质世界的本质，从而加深对现象和概念的理解。

（一）联系生活实际，促进模型理解

建模活动需要联系生活实际，将概念和现实场景相结合，让学生更加直观和深入地理解科学规律和概念。

例如，在学习物理学中的运动规律时，可以引导学生制作可运动的小车或滑板等,让学生在现实场景中探究运动规律。

又如《地球表面的地形》一课的设计。本课的教学概念目标是地形,包括高原、丘陵、盆地、山地、平原等;地球表面有山地、高原等多种多样的地形地貌,地球表面是高低起伏、崎岖不平的。过程与方法目标是观察描述常见地形的特点;会看简单的地形图,能在地形图上指认如高原、平原、山地、海洋等地形。情感、态度、价值观目标是培养对地球表面地形研究的兴趣,能自觉关注和收集相关的信息;能利用材料,小组合作制作地形,并简单描述所制作的地形的特点。教学重点是让学生知道典型地形地貌的特点。教学难点是引导学生从地形图中发现整个地球表面地形地貌的分布和特点,知道并描述典型地形地貌的特点。

为了使学生建立对各种地形模型的概念理解,教师为学生准备了分组材料:颜色不同的橡皮泥、中国地图各块模板、记录表、世界立体地形图、毛巾,让学生在熟悉的实物场景中真实建模。

教师:我们的家乡象山是个美丽的地方,能给我们讲一讲象山有哪些美丽的自然风光吗?

(学生纷纷举手交流)

学生1:我去过美丽的玫月庄园,那里有手掌大的月季花,非常美丽。

学生2:我常去石浦老街玩,那里有古色古香的老式建筑。

学生3:我去过半边山,在那里放风筝、玩沙子、游泳,可好玩了。

教师:老师给大家带来了一位朋友,它是我们共同生活的家园。猜猜是什么?

学生:地球!

(教师出示转动的谷歌地球)

教师:这是从太空看地球的表面,请你说说看,地球的表面有什么特点?

学生1:地球表面有陆地、海洋。

学生2：地球表面陆地少、海洋多。

学生3：地球表面是高低不平的。

教师：地球表面有各种高低不平的形态，这些不同的形态就形成了地球表面的各种地形地貌。

地球表面的地形对学生来说是比较遥远的，但教师从学生生活的环境出发，联系生活实际，与学生产生关联，让学生感觉到是熟悉的事物而增加了学习的兴趣。熟悉的家乡象山的自然风光和地貌特点拉近了学生与"地形"之间的距离，可以转动的谷歌地球又使学生对"地形"有了一个直观理解。

（二）多元化教学手段，确保建模活动

在建模活动中，教师应该采用多元化的教学方法，如小组讨论、自主学习、实验操作等。这有助于学生独立思考、探究和实践，从而提高他们理解科学概念的能力。同时，多元化的教学方法也能够让学生更好地享受学习的过程，从而提高他们的学习动力和兴趣，确保建模活动的有效开展。

1.观看录像，说说地形

在《地球表面的地形》一课教学中，教师首先要请学生带着问题观看各种地形的视频，建立直观印象。

教师：地球表面有哪些地形呢，让我们先去陆地上看一看吧。老师有一个小小的要求，大家在欣赏风光的同时，想想你看到了哪些地形。

（教师播放录像，请学生边欣赏，边思考）

教师：想一想，你看到了哪些地形？

（学生列举，教师板书，将学生说的地形都写在黑板上，左边为五个典型地形，右边写其他地形）

教师：让我们来更深入地认识一下它们吧。

学生1：平原。

教师：平原，这类地形有什么特点？

（课件配套出示平原图片，请学生说特点）

学生2：海拔较低，起伏较小，平坦开阔。

教师：我们可以根据平原的特点给它画一个简图。

（教师板书平原的简图）

教师：我们认识了平原，再来看看山地，山地这类地形有什么特点？

（课件配套出示山地图片，请学生说特点）

教师：你能根据特点也给它画一个简图吗？

（教师请说特点的学生上来画简图）

教师：还有几类地形，让我们小组先来讨论一下，好不好？

（教师请各小组讨论这几类地形的特点，记录在表格中，并根据特点画出它们的简图。出示表格和剩下的三类地形的图片）

通过观看视频、观察地形图片、画简图的方式，学生把复杂的现实生活中的地形特点进行抽象、概括，转化成了模型图，逐步形成建模。

2. 小组讨论，补充地形

在初步完成画地形简图的基础上，本课例中教师进一步要求学生表述各种地形的基本特征。

（学生讨论记录，教师巡视，先完成小组记录的学生把记录的信息写到黑板上，并为地形画简图）

（学生交流，并请板书的小组说说这类地形的特点，其他同学评价）

教师：刚才我们深入认识了五种典型的地形，实际上地球表面的地形还有很多,如峡谷、沙漠等。请大家想想,我们的家乡象山属于什么地形?

(学生说出地形及其原因)

教师:有没有家乡在外省的,说说你的家乡在哪个省,属于什么地形,并说说理由。

通过画简图以及口头表述,小组间的讨论和补充,帮助学生进一步梳理对各种地形特点、模型特征的把握。

3. 捏橡皮泥,模拟地形

本课例的第三个环节是用橡皮泥造中国地形,认识中国地形的特点。

选择橡皮泥来制作中国地形模型,主要是因为橡皮泥具有以下几个优势:橡皮泥可以被轻松地塑造成各种形状和大小,可以用来制作复杂的地形模型;橡皮泥可以自然干燥或用烤箱加热以固化,适合用来手工加工制作地形模型;橡皮泥是一种安全、无毒的材料,对儿童和成人均不会造成任何危害;橡皮泥可以反复使用,并且可以调整形状和大小,可以创建多个版本的地形模型,并方便修改;橡皮泥可以用来展示地理特征和地貌,以及自然环境和人类影响,在展示中更能吸引学生的注意力。

教师:你知道我们祖国有哪些有名的高原、平原、盆地吗?

(学生介绍)

教师:想不想造一造这些地形?

学生:想!

教师:我给大家带来了材料。

(出示材料图片)

教师:造之前,我们先来看一看温馨提示,了解一下要求。

①先看模板背面的要求,按要求造地形。

②让橡皮泥铺满整个板面。

③用上所有的橡皮泥,用一个模板造一个地形,3分钟完成。

(学生造,教师巡视,特别关注盆地小组,指导怎样造地形)

教师:请每个小组派代表上来交流。

(学生展示交流)

通过动手操作建造各种地形,学生进一步对各种地形有了感性经验,在模型搭建中增强了对地形模型的深入理解。

4. 相互评价,巩固模型

本课例的第四个环节是相互评价模型,让小组相互参观评价橡皮泥制作出来的中国地形模型,学生可以借此机会相互交流和分享他们的经验、建议和技巧。这种交流不仅可以提高个人技能,也可以增进彼此之间的互动和理解。学生可以从其他小组的作品中学习新的创意和技术,有助于激发他们的创造性思维和想象力。通过观察和比较其他小组的作品,学生可以更客观地评估自己的成果,帮助他们识别自己的弱点和优点,以便改进并提高自己的技能。学生需要在小组内合作完成作品,并在相互评价时尊重和欣赏他人的劳动成果,培养良好的合作精神。学生在观察不同小组作品的过程中,了解了更多地理知识和文化背景,拓宽了知识面并培养了交流能力,在相互评价中进一步加强对模型的巩固和理解。

(教师要求平原、盆地、高原各为一组展示,由其他学生做评委,发表修改意见,由搭建的小组调整修改好地形后展示,并留下地形模型)

(教师依次展示平原、高原、盆地等地形,并把展示好的地形拼到中国地形模板中,形成中国地形总模型)

教师:看一看,这是我们祖国的大陆。你有什么发现?大陆的地形有什么特点?

学生1:西边多高原、盆地。

学生2:东边多平原。

学生通过评价模型,进一步加深了对各种地形的深度理解;通过组装中国地形图,学生对中国地形的整体特点有了全面的认识。

(三)引导学生思考,提高建模层次

在建模活动中,教师可以通过提出引导性问题来引导学生思考,从而激发他们的兴趣,增强他们理解科学概念的能力。引导性问题不仅可以帮助学生更好地了解科学原理,还可以鼓励他们运用已有的知识和经验,与教材中的内容进行比较和评估,提高建模层次。下面以"认识典型的地形"环节为例来具体说明。

教师:刚才我们从立体模型上读懂了高原、平原等,我们还能从什么方面来读懂地形呢?让我们来看一下地形图吧,你有什么发现?

(学生交流发现)

教师:从地形图上我们怎样来分辨高原、平原呢?地形图上的颜色代表什么呢?(出示地形图上的颜色表)

学生:原来颜色表示高度。

教师:(出示世界地图)请你观察世界地形图,运用刚才学到的知识,说说你从世界地形图中得到哪些信息?

(学生交流信息)

教师:大家说得真好,刚才我们认识了陆地上的地形,那么海底的地形是怎样的呢?想不想看看?(出示海底地形图)

教师：你有什么发现？

（学生交流汇报）

教师：今天我们一起研究了地球表面的地形，你学到了哪些知识？

学生1：地球表面是高低不平的，有各种各样的地形。

学生2：五种典型地形的特点。

学生3：中国的地形西高东低。

学生4：地形图上不同颜色代表不同的高度。

学生5：海底也是高低不平的。

（出示象山的松兰山图片）教师：这是哪里？松兰山很美，它是怎样形成的？

（学生推测成因）

教师：那你们说说，地形是一直不变的吗？有哪些因素会使地形改变？请在课后搜集一些资料吧，这一单元的接下来几课，我们将来讨论这些问题。

教师通过研讨问题不断引导学生思考，增强他们对地形相关知识和科学概念的理解能力。

通过上述三个策略组织建模活动，教师可以采用引导学生思考、联系生活实际以及多元化的教学方法等策略，促进学生领悟科学本质，提高他们的模型建构能力。通过模型建构，学生更好地理解科学概念的本质，在实验和试验中，逐渐掌握和应用科学规律与概念，将抽象的知识转化为对具体模型的理解，提高自己的创造力、解决问题的能力和动手实践的能力。总之，模型建构是一种有效的教学策略，有助于学生更好地理解科学概念，提高他们的学习兴趣和动力。

二

体验分类：在活动中建立科学概念的联系与区别

体验分类的教学方法属于体验式教学的一种，它是以学生为主体，以分类活动为载体，让学生通过自己的感受去领悟知识的分类，再回归实践的教学模式。体验分类是一种在科学教学活动中建立科学概念的联系与区别的有效方法，比较常见的实施步骤为：教师给学生介绍相关科学概念，并说明为什么这些概念是重要的；教师给学生提供一些素材，例如不同材质的物品（如石头、木头和金属），让学生根据某个分类标准（如颜色、重量、形状等）将这些物品进行分类；学生在小组内讨论，根据所选分类标准进行分类。学生需要认真讨论、辩论，以达成集体决策；教师组织所有小组就分类结果进行汇报，要求学生会对其他小组的分类结果提出疑问，并与其他小组讨论不同的分类方法；教师引导学生对排序进行分析，让他们可以更好地理解这些分类标准的联系和区别，并向学生解释概念、术语和主题之间的关系，发现物品之间的相似点和不同点。通过这样的实践活动，可以使学生深入了解科学概念之间的联系和区别，从而帮助他们更好地理解和掌握科学知识，提升科学素养。

例如学习《我们关心天气》这一课，可以通过体验天气图标的分类，帮助学生建立科学概念的联系与区别，找到天气的特征要素，通过制作天气影响网状图,协助学生归纳天气对人类生产生活的关系和影响。

(一)改进材料,引发分类活动

分类实验体验活动材料应具有科学性、趣味性。在分类活动中,为学生准备的材料应能揭示与教学目的相关的一系列现象,能体现所要分类的知识,有利于培养学生的分类能力,并具有科学性。精心准备分类材料,激起学生的学习兴趣,学生在实验活动中才不会感到枯燥无味,才可顺利地通过揭示自然现象的规律,认识事物的本质特征和内在联系,建立正确的科学概念。

如《我们关心天气》这一课中,教师为每一小组准备了一套迷你版可移动展示的天气符号磁贴,让学生尝试着给这些天气符号进行分类。磁贴的正面写天气现象名称,背面印天气符号,正反面都可以磁吸在黑板上,便于学生认识这些天气现象和符号。同时,为每一位学生准备一张观察天气的小卡片,先到室外观察、描述当天的天气现象,引导学生从云、降水、气温、风等方面对天气进行观察,回到教室后进行交流。

教师准备多块可书写的磁吸白板,引导学生思考今天的天气对我们学习生活的影响。师生先完成天气影响的部分网状图,让学生分组完成剩下的网状图。师生共同分析网状图,使学生意识到天气时刻在影响着我们的学习和生活。教师精心准备的材料,能更好地引发学生的分类活动。

(二)确定标准,掌握分类方法

分类活动的关键是帮助学生搜集分类素材,寻找分类的标准,进而掌握分类的方法。

1.搜集分类素材

搜集分类素材,就是要引导学生关注分类的对象和范围。例如《我们关心天气》一课,教师首先帮助学生搜集分类素材。

(学生观看天气预报视频片段,边看边记忆,视频中出现了哪些天气现象,并进行汇报。教师根据学生的汇报结果,张贴各类天气现象)

教师:请大家看看是否将各种天气现象都展现出来了,如果没有,生活中,你还见过或者知道什么天气现象?

(学生汇报,教师根据学生的回答继续补充。根据天气现象引导学生认识各种天气符号)

教师:在气象学上,常常用天气符号来表示天气现象。你知道这些天气现象用符号怎么表示吗?

(学生描述,教师进行补充,并详细解释这些天气符号的组成)

教师帮助学生充分搜集天气现象的素材,为后续的分类活动进行铺垫。

2. 寻找分类标准

学生学习分类方法,首先需要确定分类标准,如《我们关心天气》一课,教师介绍天气现象的分类标准,按照气温、降水量、风力等来分类。让学生分组,每组挑选一个天气现象,如晴天、雨天、雪天等,并根据分类标准进行分类。通过这一环节的活动让学生知道一些常见的天气现象,能够按照自己的标准给天气现象进行简单分类;知道天气现象中有表示云、降水、风、气温等方面。通过寻找分类标准学习分类的方法。

(三)形成图示,深化分类思维

帮助学生将分类的结果转化成结构化图示并组织研讨,能够使学生深化对分类活动的理解,形成分类的科学思维能力。

1. 分类结果图示化

将分类结果图示化可以更好地帮助学生理清分类方法,如《我们关心天气》一课的教学,可以使用表格、图表、图片等,以便学生更直观地了解天气现象的分类方法以及不同类别之间的联系和区别。学生利用迷你版的天气符号,在展示板上分类:云类、水类、风类、气温、其他类……用图示进一步明晰分类结果。

2. 讨论与深化分类

让学生进行讨论,分享他们所得到的结论,以及不同分类方法之间的异同,可以帮助学生进一步巩固和深化对分类活动的理解。教师可以让学生进行小组间的交流,增进他们对科学概念的理解和掌握,同时引导学生思考更深层次的问题,例如《我们关心天气》一课,请学生讨论天气现象的变化趋势、气候与天气的关系等,在讨论中深化分类,寻找共性,发现不同天气的共同之处,从而进一步认识到自然界的天气现象主要是在太阳的作用下大气层的变化,这些大气层的变化主要表现在云量的变化,有没有降雨、降雪,风向和风力大小,气温的变化等。帮助学生理解为什么我们观察天气的时候常常会从这几个方面来进行描述,理解天气现象的本质。

以上体验分类的实践活动可以帮助学生更好地理解科学概念,建立概念之间的联系和区别,同时激发学生的探究兴趣,培养学生科学思维,提高学生科学素养。

三

深度研讨：认识科学的本质

当下，小学科学课堂研讨存在引导不足、时间不够、表达不清、倾听不细及深度不够等问题，课堂研讨效率不高。基于深度学习的课堂研讨，是学生根据观察到的现象进行深入探寻，理解科学现象背后隐含的科学概念、认识科学本质的过程。它能激活学生的思维，培养学生的问题解决能力，为其成为一名终身学习者打下坚实基础。

深入的研讨能促进学生深度思考，促进科学思维深入发展。可很多小学科学课堂研讨只是学生的浅层交流，主要问题表现为四"浅"：引导浅、时间浅、表达浅和倾听浅，如图所示。

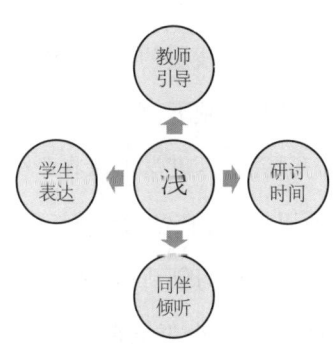

是引导浅。教师作为课堂教学的组织者与引导者，备课时需要精心设计好课堂上的研讨问题，并对可能出现的回答做好预设，及时引导研讨的方向。部分教师只是简单抛出课本上的问题，引导寻找最直接的答案，没有站在学生角度对问题进行多维度的思考。当学生在研讨或活动中提出"意外"的问题或答案时，教师很可能会忽略或一带而过，这不仅错过了精彩的课堂生成，而且会打击学生研讨的积极性。

二是时间浅。小学科学课程实施的主要形式是探究活动，研讨是探究过程的延续与深化，对提升学生科学素养具有重要作用。可有些科学教师只重视课堂探究，忽略了研讨过程。当学生花大量时间完成探究活动后，课堂已接近尾声，只有少数学生有机会汇报实验结果或者表达自己的观点。探究时间与研讨时间分配不均衡，学生交流时间不够，使得研讨不充分、不彻底。

三是表达浅。小学科学课程标准提出，要通过科学课程的学习，发展学生用科学语言与他人交流和沟通的能力。科学课上，大部分学生都能对观察到的现象进行简单的描述，但表达无条理、指向不清晰。学生交流前缺少对现象的思维加工，不能规范使用科学语言进行表达，这不利于科学概念的形成。

四是倾听浅。认真倾听是进行交流的重要前提，只有在接收到对方传递来的信息后，才有可能质疑并评价别人的观点。课堂上部分学生倾听习惯不好，表现为没耐心、打断发言、插话、发呆等，无法接收到外界的观点，也就无法进行下一步的思维碰撞。

课堂上师生之间简单的问答、学生之间围绕客观事实进行简单的交流，这只能称为浅层的研讨，而深度研讨是基于深度学习的研讨活动。深度学习是在教师引领下，学生围绕学习主题全身心积极参与、体验成功、获得发展的学习过程。深度学习深在学生参与，倡导主动、积极；深在课程内容，倡导知其所以然；深在学习任务，倡导挑战性、高投入；深在学习过程，倡导问题解决、知识运用与创新；深在学习结果走向批判、创造等高阶思维，或整合认知与非认知的割裂，发展情感、价值观或追寻意义。

基于深度学习的课堂研讨，是学生根据观察到的现象进行深入探寻，理解科学现象背后隐含的科学概念、认识科学本质，发展深度思维、提升科学素养的过程。将浅层交流转化为深层研讨，需要教师在宽松民主的学习氛围下抛出关键问题，推动学生寻找证据，主动进行表达与倾听、思维碰撞，并相互质疑、相互启发。将浅层交流转化为深度研讨的具体策略有如图五种。

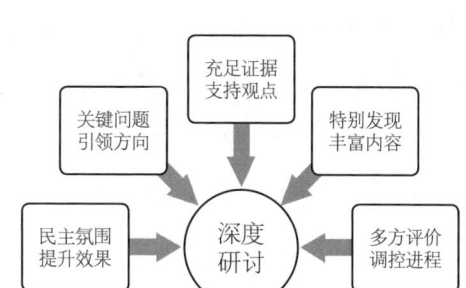

（一）精选关键问题，引领研讨方向

关键问题是基于学生实际水平、教学内容特点、当地特色教学资源等凝练提出，围绕课堂核心知识设置的问题。它具有一定的挑战性与吸引力，能为学生提供足够的生长点，激活他们的思维，引领深层次研讨。

例如，按教学计划，上《当环境改变了》一课时正为 2 月中旬，课前教师先发动学生在自己家小区里寻找青蛙，由于未找到青蛙，本课暂时停授。到了 3 月，天气回暖，学生很惊喜地发现池塘周围出现了青蛙，池塘里有很多小蝌蚪。在这样的经历基础上，教师再进行本课的教学，并设置关键问题引领思考：在不同季节里，青蛙做出了怎么样的行为？为什么会发生这样的变化？引导学生展开深度研讨，认识到环境与动物行为之间的联系，意识到动物要依赖于环境而生存。通过设置关键问题，引领学生研讨的方向。

（二）营造研讨氛围，提升研讨效果

在积极良好的研讨氛围中，表达者能用有逻辑、科学完整的语言呈现自己的观点，倾听者会认真倾听、积极思考，并就发言内容进行补充或提出质疑。良好的研讨氛围离不开教师的动态调控与适时引导，它能激发学生的交流欲望、促进深度思考。

在课堂上，教师要有意识地营造适合研讨的氛围，可以利用小组加分机制激发学生参与课堂讨论的积极性。当有小组比较"安静"时，教师可用风趣幽默的语言调动他们。比如：××小组一直在养精蓄锐，是时候展现你真正的技术啦！当发言者表达不够清晰时，教师则有意识地引导学生用科学的语言进行表达。比如在学生根据生活经验对"种子发芽是否需要阳光"作出假设时，学生的回答从开始的"需要或不需要"发展为"我认为种子发芽需要或不需要阳光，因为……"当有些倾听者不认真时，教师则特别表扬听得认真的同学，此时注意力分散的同学也会认真起来。教师通过多种教学手段不停调整课堂研讨氛围，为研讨活动的高效进行提供了保障。

（三）提供可视证据，支持研讨过程

小学科学课堂很注重对学生证据意识的培养，当学生提出新观点或新想法时，教师应该鼓励学生主动寻找证据证明自己的想法。可视化证据包括实验照片、过程视频、示意图、记录表等，它是学生有逻辑性地表达自己观点的重要载体，是提升研讨效率的重要方法。学生收集可视化证据的过程也是他们主动思考、梳理与分析信息，逐步形成科学概念的过程。

例如在《蚯蚓的选择》一课教学中，蚯蚓生长最适宜温度为15—25℃，气温低于10℃时蚯蚓活动迟缓，低于5℃时会进入冬眠。而教学《蚯蚓的选择》一课时为2月份，平均气温为3—10℃，蚯蚓活性较低，实验室环境下蚯蚓对光照、潮湿等条件的选择现象不明显。基于现实情况，教师与学生讨论后达成一致意见：提前在家完成探究活动，课堂上进行研讨汇报。为了证明自己的观点，学生在课堂研讨环节呈现出自己的实验视频、照片、实验记录表等（如下图）。生动直观的画面帮助学生用简洁有力的语言表达自己的想法，把隐性思维外显化，让其他同学更容易理解表达者的意图，并及时给出反馈，大大提高了研讨的效率。

 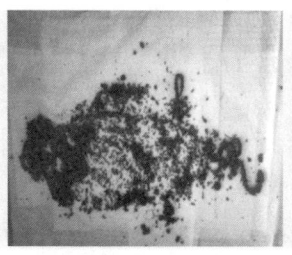 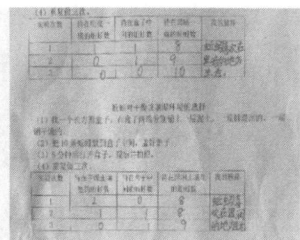

　　视频　　　　　　　　图片　　　　　　　　表格

（四）重视特别发现，丰富研讨内容

　　站在学生视角看待问题，往往会有很多"特别"的发现。"特别"发现可能是因为学生看问题的角度不同，观察细致认真或思维灵活而产生，它具有独特性、创造性、新颖性等特征。教师要重视学生的"特别"发现，可有选择性地组织学生在课堂上进行研讨。这不仅能丰富课堂研讨的内容、提升研讨深度，还能保护学生的求知欲，满足其个性发展需要。

　　如探究《种子发芽实验》一课中的"种子发芽是否需要水"实验时，有个小组呈现该组的对比实验：1号杯不装水，只放三颗绿豆；2号杯装大半杯水和三颗绿豆。这个方案有两个变量：空气和水，并不能形成对比实验，可班级绝大部分同学都认同这个方案。只有一个同学对本方案提出了疑问：水那么多，种子会不会被淹死？教师先是用赞赏的语气表扬了这位同学的"特别"发现，然后转问全班同学：种子到底会不会被淹死呢？全班学生的探究兴趣立马被调动了起来，他们围绕这个问题展开了深入的研讨，并进一步设计了"种子发芽是否需要水""种子发芽是否需要充足的空气"两个对比实验进行验证（如下图）。这个过程中，学生对"控制变量"这种探究方法有了更深刻的认识，丰富了课堂研讨内容，培养了学生严谨的科学思维及较强的问题解决能力，有利于他们科学素养的提升。

无水　　过量水　　　　适量水　　过量水　　无水

（五）巧用多方评价，调控研讨进程

评价，是调控研讨进程的重要手段，是促进研讨推进的重要动力，也是检测研讨结果的重要方式。全面的评价需要教师、学生等多方主体共同完成。教师通过评价了解学生水平，可动态调整研讨进度与方向；学生通过相互评价提高交流效率、提升合作水平；学生通过自我评价，管理与调整自己的学习状态。巧用多元主体评价调控研讨进程，鼓励学生用欣赏的眼光看待同伴、用质疑的眼光发现问题，引导他们有意识地管理自己的学习，使他们成为具有终身学习能力的学习者。

如在《设计和制作生态瓶》一课中，学生要经历"讨论 — 设计生态瓶 — 交流 — 完善设计 — 制作生态瓶 — 讨论 — 修改设计 — 改进生态瓶"等一系列实践活动，借助评价表（如下表），巧用多方评价是教师调控课堂的重要手段。

"设计生态瓶"任务评价表

（满意 3 星，一般 2 星，不满意 1 星）

一级指标	二级指标	评价内容	自评	互评
产品评价	设计图内容	包含 3 种以上不同种类的生物与非生物，有具体数量说明		
	设计图说明	有文字、图画说明		
	美观程度	设计图清晰明了，整洁美观		

续表

一级指标	二级指标	评价内容	自评	互评
过程评价	方案贡献	在设计过程中每位组员至少贡献2点创意		
	团队合作	全员参与,合作友好		
展示评价	展示内容	能介绍本组设计图的优点与不足,能合理参考别人的建议进行修改		
	展示过程	声音洪亮,思路清晰		

"制作生态瓶"任务评价表

(满意3星,一般2星,不满意1星)

一级指标	二级指标	评价内容	自评	互评
产品评价	美观程度	各成分数量恰当,整体较美观		
	稳定情况	2个星期后植物、动物、水状态良好		
过程评价	团队合作	全员参与,合作顺利		
	问题解决	能提出新的问题并自主解决		
展示评价	作品展示	声音洪亮,思路清晰		
	意见提出	能客观分析本组作品,给别组作品提出建议		

教师通过评价调控研讨的进程,组员相互评价促进设计与制作生态瓶过程顺利达成,组间相互评价可以促进方案的进一步完善。多角色、多角度相互点评能促进学生有意识调整自己的学习过程,使学习过程高效有序。

基于深度学习的小学科学课堂研讨,可借助关键问题引领方向、研讨氛围提升效果、可视证据支持过程、特别发现丰富内容及多方评价调控进程等多种教学策略实现。这样的研讨过程具有生命力,它能帮助学生理解科学概念、认清科学本质,促进学生能力发展、提升科学素养,为其成为终身学习者打下坚实基础。

四

材料先行：促进概念的有效构建

《义务教育小学科学课程标准》指出：科学学习要以探究为核心。探究既是科学学习的目标，又是科学学习的方式。亲身经历以探究为主的学习活动是学生学习科学的主要途径。教师在科学探究教学过程中，应向学生提供有结构的实验材料，使他们像科学家那样亲历科学探究的过程，让学生体验科学探究的乐趣，增长科学探究能力。具体体现为以下"四巧"策略。

（一）选——让概念暴露更充分

前概念在学生的科学学习中扮演着重要的角色，教材主编郁波老师指出："学生学习科学的困难并不在于他们不拥有或缺少什么，而是在于他们有了什么。"科学课堂教学如能在学生的前概念基础上进行设计，教学就会更高效。

1. 获得学生的前概念

在日常教学中，我们经常可以发现，小学生在正式学习科学课程以前，已有较丰富的实践活动经验，其科学前概念水平已经初步完善，甚至能够利用这些经验，试图去解释生活中的各种现象。同时，由于学生科学前概念认识比较隐蔽，通常情况下不容易暴露前概念水平，这就使得教师发现这些原有认知经验比较困难。巧选实验材料可以充分暴露学生的前概念。

如四年级下册《观察、描述矿物（一）》，学生对矿物的观察方法、描述方法已有一定的基础，但是还不具备科学比较、规范观察、描述矿物的能力。如果教师按顺序一一介绍，学生学习很枯燥。于是，教师在教学前插入这样一个环节，给学生出示一块"金矿"（实为一块铜矿），让学生想办法鉴别它是真是假。在学生汇报方法时，教师获得了学生的前概念。由学生感兴趣的问题出发，尽可能地获得学生对科学概念的认知。利用学生的已有概念，教师再利用实验方法建构科学概念，不断强化和延伸学生对于科学概念的理解层次，并拓宽学生的科学思维。

2.让学生质疑前概念

建构主义认为学生在走进课堂之前，都不是一张白纸。学生在学习科学概念之前已经具有对科学事实的认识，即前概念，前概念往往是不完整，甚至不正确的，而且往往是根深蒂固的。如能让学生质疑自己头脑中存在的前概念，让学生认识到前概念的不合理性，前概念便会成为科学概念的生长点。

如在三年级上册"我们周围的材料"单元《哪种材料硬》一课中，在课堂教学之初，教师选用一块"石块"（涂成黑砖颜色的木块）展示，让学生说说它的特点。当学生说到硬时，教师用手用力掰开木块。学生都惊讶了，让他们对自己的前概念产生了质疑。教师进而引入研究材料软硬的活动。选用这样的材料引起学生认知的冲突，这是概念有效教学的起点，也是学生建构科学概念的起点。

（二）改 —— 让科学探究更简洁

探究材料的改进能规避学生操作上的烦琐步骤，增强实验效果，指向科学思维，使科学探究的过程更加简洁。

1. 实验操作更简约

实验教学中，教师准备的材料是为了引发学生的观察和思考。因此，实验材料应该方便学生操作，让学生在简单的实验操作中节省时间、提高效率，学到更多的知识。

例如，三年级下册《水和水蒸气》一课中，教材的第二环节安排了"加热能加快水蒸发吗"这一实验探究，要求学生在两个金属勺子中加入同样多的水，一个进行加热，另一个不加热，以此来证明加热能加快水蒸发。教师在第一次试教时按照教材中的安排给四人小组都准备了两个勺子，要求学生实验过程中比较两个勺子水量的变化。但在实际操作时，很多小组两个学生各拿了一个勺子进行观察，并没有进行比较。当汇报时，学生才匆忙去比较两个勺子中的水量。

课后，教师对实验进行了反思，发现教材在安排时没有很好地考虑学生的实际情况。这个实验安排在三年级下册，学生刚刚接触对比实验，实验过程中的比较意识薄弱。教材安排两个勺子不便于学生操作和观察。实际操作时，学生分开各拿一个勺子，这样更容易忽略比较。因此，这就要教师对材料进行改进，让学生更容易操作，便于观察。

基于此，教师对实验材料进行了改进，将两个勺子用螺丝安装在一块有机玻璃板上。勺子在取水和加热时能随时调动角度。在第二次上课时，学生一个人就可以完成实验，同时能清楚地观察两个勺子中水量的变化，对比非常明显。虽然只是对材料进行了小小的改动，但达到的效果非常好，选择更具操作性的材料对实验教学有显著的帮助。

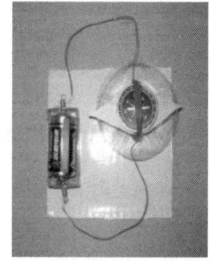

再如，做电和磁实验时，线圈里放指南针，线圈位置不好固定，而且指南针的固定也是一个问题，用手拿很难让指南针的指针停下来，增加了学生做实验的难度。设计如右图所示的支架就可以让这个实验易于操作。

又如,六年级上册"工具和机械"单元《斜面的作用》这一课,工具箱没有配套的器材,材料比较难找,学生带来的木板长短不一,参差不齐。而且用普通的木板做实验,斜面角度也比较难控制。如图所示的多角度斜面就可以有效解决上述问题。

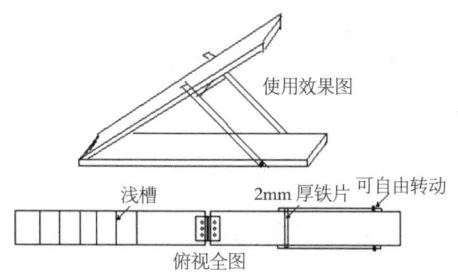

2. 实验数据获得更简单

如教学《浮力》一课时,教学目标之一是要让学生用弹簧测力计测量会浮的物体在水中的浮力。要让学生能够用一根线拉住被测物体(泡沫或塑料瓶),然后从水底的滑轮穿过,弹簧测力计再向上拉,这种测量浮力的方法对学生来说操作并不困难,困难的是由于学生缺乏相应的经验支撑,很难设计理解这种测量方法。教师在教学这一课时,可将弹簧测力计进行改进,在测力计钩子处沿反方向安装一根金属条,这样测力计就可以倒过来使用。学生在测泡沫或塑料瓶在水中浮力大小的时候只需把测力计倒过来,用金属条把它往下压就可以在测力计上读出浮力大小了。这样,经过改进的测量工具,大大降低了使用难度,教师也不再需要把教学重点放在探讨如何测量浮力大小的方法上,可以把更多的时间放在探究浮力大小与排开水量的关系上。

再如教学《空气占据空间吗》一课,教师组织学生进行比赛:往矿泉水瓶里的气球吹气,比比谁吹得更大。结果发现有的同学根本吹不大,有的则可以把气球吹得很大。其实原因很简单,只要教师用针把有些小组的矿泉水瓶壁戳破就可以吹大气球。材料的改进让学生直观地感受到空气会占据空间。

（三）用 —— 让结论获取更科学

合理使用材料，能够使实验效果更加明显，使实验现象更加科学直观，使实验结论的获得更加科学，从而提升探究实验的效益。

1. 实验现象更科学

自从新课标提出让探究成为科学课的核心，在小学科学课堂中探究活动已经成为课堂常态。但是，仔细审视这些探究活动，很多情况下学生在活动中并没有观察到什么，在实验结束后脑袋里还是一片空白。

例如，四年级下册《生活中的静电现象》一课，教材安排了这样一个实验："将两个充气气球紧挨着悬挂在约1米长的木尺上，用羊毛制品分别摩擦两个气球相互接触的部位，观察有什么现象发生"。其实，这个实验的结果就是两个气球会相互排斥，以此证明同种电荷互相排斥。很多老师都按照教材在课前准备好气球，并细心地在气球摩擦部位做上记号，以便学生在操作时能让两个气球带同种电荷的部位互相接近。但是，实际上课过程中气球的排斥现象极不明显，学生无法观察到同种电荷互相排斥的现象。

在多堂试教之后，教师对这个实验的材料进行了一步步的改进。首先，用纸带代替了气球，将两根纸带悬挂在木棒上，它们的排斥现象非常明显。但随之而来的问题是，纸带本身很容易弯曲，比较了实验前后的现象后，学生提出了疑问。为了让实验现象更明显、学生观察更直观，教师又尝试了很多材料，终于发现平常用的吸管是最好的材料。最后，在市优质课评比中该种实验材料呈现的效果非常明显，材料的选择得到了专家们的一致认可。

2. 实验结论更科学

在五年级上册《光是怎样传播的》一课中，当用实验验证完光的传播路线后，教师提出：你还能用其他的方法验证光是直线传播的吗？学生提出了许多好的想法。在实验过程中，教师为学生提供了教材上演示的带弯头的自来水管和手电筒。学生上台演示后,虽然大多数学生都认同了"光是沿着直线传播的"这一看法,但班级里有一个学生提出:那假如光是以曲线的形式传播的,在弯管里也是无法通过的。我问他是怎样的曲线在弯管里无法通过,他在纸上画下了波浪线,说假如光是以这类曲线的形式传播,也不可以通过弯管。那有没有一种材料既能曲又能直,通过改进实验材料,让这个实验更有说服力?当时我向教师提出了改进弯管的建议,果然在第二次试教的时候,教师使用了PVC软管,软管只要稍微没拉直,光线就不可以传播出来,观察效果非常直观,有效地证明了"光是以直线的形式传播的"这一规律。

(四)创——让概念形成更深刻

在小学科学教材中,许多科学概念是以科学探究的方式呈现的,有时与学生的认知能力水平存在差距。教师应根据学生实际能力水平,创新原有的实验材料,吸引学生的注意力,激活学生的思维,让学生科学概念的形成更深刻。

例如《地球表面的地形》一课,对于五种基本地形的学习,如单靠观看图片或视频,学生看似掌握,但让他们到实际的地形或地形图中去分辨地形的类型,他们的科学概念还是模糊不清。为加深理解,教师通过自制教具,让学生运用模板和不同颜色的橡皮泥亲自动手建模五种基本地形,再把学生建模的地形拼成中国地形模具,根据这一模具分析中国地形的特点,获取更多的中国地形信息。这样让学生从立体的角度建模地形,使学生对地形的概念理解更为深刻。

省教研室科学教研员喻伯军老师在多次培训活动中指出"材料有时候就是课程"。实验材料在一定程度上决定了课堂教学的质量和效率。这些经过教师巧选、巧改、巧用、巧创的实验材料,可以大大地提高实验探究教学的有效性。

教师对实验材料的巧用,反映了科学教师对创新使用教材的重视,不再是一味地"教教材"。毕竟教材只是为教师和学生提供一个思路、一个依据和一些范例,教师应根据学生的需要和实际情况进行调整,创造性地使用教材。科学教师不仅要做教材的使用者,更应该成为教材的开发者,让科学课堂教学更加完美。

五

指向科学思维的教学活动设计策略

在当今全面深化课程教育改革，促进学生全面发展的背景下，构建小学科学深度学习被广泛关注。华东师范大学崔允漷教授曾提出深度学习的基本内涵：深度学习是指学生基于教师预设的专业方案，经历有指导、有挑战、高投入、高认知的学习过程，并获得有意义的学习结果。在信息论的视角下，"有指导、有挑战、高投入、高认知"的学习过程即是对学习信息的精加工和自我转化。在科学课堂教学中，想要学生产生对信息的自我转化则要求学生有更深层次的科学思维卷入，这是判断"深度学习"是否真实发生的重要标尺。

《义务教育科学课程标准（2022年版）》中指出："科学思维是从科学的视角对客观事物的本质属性、内在规律及相互关系的认识方式，主要包括模型建构、推理论证、创新思维等。模型建构体现在：以经验事实为基础，对客观事物进行抽象和概括，进而建构模型；运用模型分析、解释现象和数据，描述系统的结构、关系及变化过程。推理论证体现在：基于证据与逻辑，运用分析与综合、比较与分类、归纳与演绎等思维方法，建立证据与解释之间的关系并提出合理见解。创新思维体现在：从不同角度分析、思考问题，提出新颖而有价值的观点和解决问题的方法。"根据以上内容，我在全国小学科学年会上针对北仑区丁言君老师全国特等奖课例《运动的小车》，从创设神奇情境、立足核心问题、分层体验探究、拓展迁移应用四个方面阐述如何关注深度思维，让科学深度学习真实发生。

（一）创设神奇情境，激发思维原点

在教学《运动的小车》一课过程中，学生对于"能量"这个词是不陌生的，这是一个在生活中高频出现的词汇，但学生对于能量的认知较为具象化。"什么是能量"对于学生来说，仅限于模糊且感性的认识，这一科学概念显得抽象、难理解。因此，需要教师在教学活动的过程中，采取有效措施吸引学生的注意力，激发学生学习兴趣，激发学生原有的认知，提升他们思考的积极性。丁老师利用自制的神奇小风扇与课前活动环节进行有效融合，使学生理解物体从静止到运动是由于接受了外界给它提供的能量，为课堂教学中能量这一概念的界定打下了基础。这也是今后学生对能量这一科学概念建构的重要基础。丁老师在进行"其他物体也有能量"教学时，把神奇小风扇放在棒冰上，小风扇又转动起来，再一次激发了学生思维，使他们对"世间万物皆有能量"建立起初步的认识，并提高了学生以后对能量的学习兴趣。

（二）立足核心问题，触发思维潜能

本节课将"限速"作为核心问题，贯穿本课主线。"限速"作为生活中十分常见的一种现象，学生对此具有"浅入深究"的实践基础。丁老师更是根据学生实际学情，通过三张有对比属性的图片来激发学生对运动与能量的好奇，并及时引导对运动中能量关系的四次科学探究。

第一组对比图是风驰电掣的赛车与校园门口的限速牌。校园门口的限速牌一下子让学生发现探究的问题。

第二组对比图是不同路段的不同限速牌（10码和80码），引发思维的升

级,让学生深度思考现实中的规则:为什么同一辆车,在不同的路段允许有不同的速度。由于速度不同,发生碰撞以后,造成的伤害是不一样的,伤害不一样的原因是速度不同导致输出的能量大小不同。学生对速度和能量之间关系的好奇就自然而然地发生了。接下来设计实验、验证假设就是顺理成章的事情。

第三组对比图是同一路段、不同车辆的限速不同。课有尽而探究无穷,学生的思维在下课铃响后保持了延续。此环节的设计充分激发了学生的思维潜能,始终让学生处于思考的境地,这样的思考会让学生的学习更加积极主动。

因此,在日常教学过程中,应重视让学生经历对现实生活中相关现象及问题进行分析及解决的过程,激发学生的学习热情,增强学习自信心,逐步养成深入思考的习惯。

(三)分层体验探究,提高思维深度

特别值得实践和借鉴的是丁老师用很少且简单的材料在40分钟内安排了四次探究活动,第一次:初步感受运动小车的能量;第二次:感受运动小车能量的存在;第三次:科学实验探究运动小车能量大小与速度的关系;最后一次:用自制数字化测力器证实能量存在且有大小。丁老师给予了充分的时间,让学生去感受和体验能量。学生的科学思维也在四次分层探究活动中不断深化,加深了对能量的认识。这样教学设计对引导学生进行深度学习非常重要,促进了学生在科学探究中深度思维的能力提升。

(四)拓展迁移应用,扩大思维广度

与其他学科不同,小学科学的教学内容与学生的日常生活及自然环境联系非常密切。学科学就是为了发现大自然中的规律并用发现的规律解决现实生活中存在的问题。丁老师在这节课后部分特别强调学以致用,用所学的科

学概念解释：为什么走廊不能奔跑，高空不能抛物，要戴安全帽等，规则的背后是科学的依据。学生从中领悟到学习科学的用处。

这节课也使老师明白，科学课堂教学内容不再局限于教材，时空不再局限于课堂，科学课堂上我们更应该让学生灵活运用科学知识，扩大学生思维的广度，让学生主动进行探究，从而强化他们对所学科学知识的理解。丁老师这节课深度思维培养的方面还有很多，如课堂采用的精准视频、数字技术等，对学生思维精度的提升都大有裨益。

深度学习是学生学习的理想状态，也是广大教育工作者孜孜以求的目标。丁老师始终站在学生的角度考虑问题，从创设神奇情境、立足核心问题、分层体验探究、拓展迁移应用等方面激发学生的思维活力，强化其探究欲望，引导学生浸润在深度思考的学习中，让他们在科学探秘中提升科学素养。

以"画图法"提升学生思维能力

发展心理学家认为：儿童的认知发展在7~11岁处于具体运算阶段。这个阶段的儿童认知结构中已经有了抽象概念，儿童能凭借具体事物或从具体事物中获得的表象进行逻辑思维和群集运算，但思维仍需要具体事物的支撑。世界知名的心理学家和哲学家让·皮亚杰提出的认知发展观中，也强调了"处于具体运算阶段的儿童，他们的思维还需要借助实际经验或具体形象来支持"。许许多多的研究表明，儿童对世界的认知和理解，往往局限于他们可以自己动手操作的具体事物，而画图正是一个体现儿童由直观认知到抽象再现的思维加工过程的方式。

小学科学教材中，有很多实验和观察活动要求学生用图画或文字等方式记录结果。用文字记录存在一定不足：对于低年级的学生来说，生字多，语言组织能力弱，写字速度慢，一定程度上影响了教学的进程；对于高年级的学生来说，他们观察到的现象会更加丰富，文字记录也会显得更加冗长拖沓，又不够切中要点。而画图法能弥补这些不足，首先，当学生不能完全清晰地通过语言、文字传达概念时，画图可以更加简洁地让学生表达出自己的真实想法；其次，在对学生一些似是而非的模糊概念的把握上，通过学生的绘图，教师可以探查到学生更深层的想法。

画图法的应用非常广泛。教材本身就设计了一部分有画图要求的内容，比如观察动植物单元、高锰酸钾的溶解过程、食物在体内的旅行过程、人体各器官的联系、画影子、热传递的过程、纸船汽车桥梁模型的设计图等。除了这些，还有很多情况下可以加入画图环节，使教学更加高效。

（一）从模糊到清晰，体现思维起点

奥苏贝尔的有意义学习理论指出："影响学习的最主要因素是学习者已掌握的知识，当学习者产生学习的意向，并把所要学的新知识同原有的知识联系起来时，有意义学习才能发生……"学生的前概念是我们教学的出发点，充分关注学生的前概念，会帮助我们了解学生已有的认识是什么，存在问题是什么，关键点和突破口在哪里，从而找准教学的切入点。一些关注暴露思维起点方法的文献期刊中，都将画图法（也称作绘图法、图示法、作图法等）放在了比较重要的位置上，并指出"这种（画图法）使思维可视策略相比于传统的访谈、问卷有其不可替代的优势"。

由于儿童的语言表达能力不够完善，思维不够清晰，每一个学生的思维起点都不一样，一个一个在课前去了解需要大量的时间，显得非常不现实，对于教师来说，了解学生的思维起点是一件比较困难的事。但画图法恰恰帮助教师解决了这些困难，学生利用他们擅长和喜欢的方式表达出来，轻松地展现出他们的思维起点，而教师只需查看图画，就能清楚问题在哪。因此，在教授新的内容之前，教师就能利用画图法将学生模糊的、不全面的，甚至不正确的前概念充分挖掘出来，与新的知识建立联结，进行概念转变，实现有意义学习。

具体来说，进行一些观察类的、实验现象分析类的内容教学之前，都可以增加这个环节。先画出自己原先认为的样子，再画出仔细观察后的样子，因为已有了自己画的图，观察时更有针对性，学生明确了自己的前概念的不足之处。最后将两图进行对照，就能比较容易地归纳出实验对象的特点。

如《身体的结构》这一课中的第一个活动"观察我们的身体"环节，教材直接提问："人的身体由哪几部分组成？""比较身体的左右两部分，我们发现了什么？"然后在人体图的左下方给出了答案："从外形上，人的身体一般可以分为头、颈、躯干、四肢几部分。"教材中只需要学生观察就好，而实践证明，学生是不理解具体的人体划分方法的，特别是"颈"要单独成为一个部分，以及"手"和"脚"要划分到同一部分，这两个部分只是听老师讲要这样分，却不能很好地理解这样划分的用意。

在多次尝试，教学结果不尽如人意之后，教师改用画图法。教师在教学中设计了这样一个环节：给每个小组一张打印有人体外形图的A4纸，让学生分小组讨论，划分人体的各个部分，并说一说这样划分的理由。下图是学生划分的举例。教师查看图画，便知学生的前概念中将"颈"忽略了，在各小组讲述划分原因时，就可以轻松解决。用画图法引起学生注意之后，便于学生在图中发现"颈"的缺失，只有补齐"颈"才能形成完整的人体结构。在画图中，学生发现手和脚也清晰地展现在图中，它们的结构比较相似，所以可以归为同一部分。

利用人体外形图还能很好地解决第二个问题：对称。只要将人体外形对折，就会发现，两边能很好地重叠起来，好玩而又简单直观地让学生了解了人体外形的特点，相比教师在自己身上从上往下拉一条线的传统教学方法，学生的参与度更高，积极性也更好。

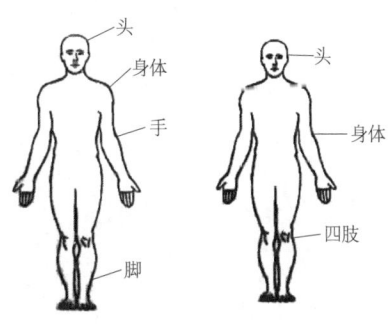

（二）化间接为直接，体现思维过程

小学生的认知发展处于具体运算阶段，理解抽象的概念有一定难度，还是需要具体事物的支撑。因此,将抽象、间接、不可视的实验现象用具体的图画表现出来,能有效地帮助小学生实现对科学概念的理解。

比如在学习《空气占据空间吗》一课时,有一个使用注射器推拉的环节。教学的设计过程可以这样安排:先让学生亲自感受,再将注射器中的气体体积变化用一个个小圆圈表现出来。有些学生能顺利作图,有些则需要及时给予指导,教师可提醒学生,刚开始时,可以假设注射器中分布着10个空气小圆圈。放手让学生自己去画,可以发现,学生画的小圆圈有些大有些小,挤压时画得小、数量少,拉伸时画得大、数量多。利用图示,教师可以直观地看到学生的思维过程,此时,教师可以稍加指点,"空气粒子本身的大小都差不多,也不太容易改变,封闭环境中的空气粒子数量也不容易变化",学生就能领会到是空气粒子之间的距离变大了导致空气体积变大。如此直观的体现,既将抽象难懂的知识简单可视化,又帮助了学生思维的发展。

因此,需要化抽象为具体、化间接为直接的教学,特别是需要理解物质变化过程的教学中,都可以适当地引入作图环节。

再如,六年级下册第二单元"物质的变化"中,就有很多可以利用画图法协助教学的内容,画图法可以让实验变得更加深刻,学生理解起来也更加容易。下图所示是学生以小组为单位记录的"分离黄豆和沙""白糖加热"两个实验

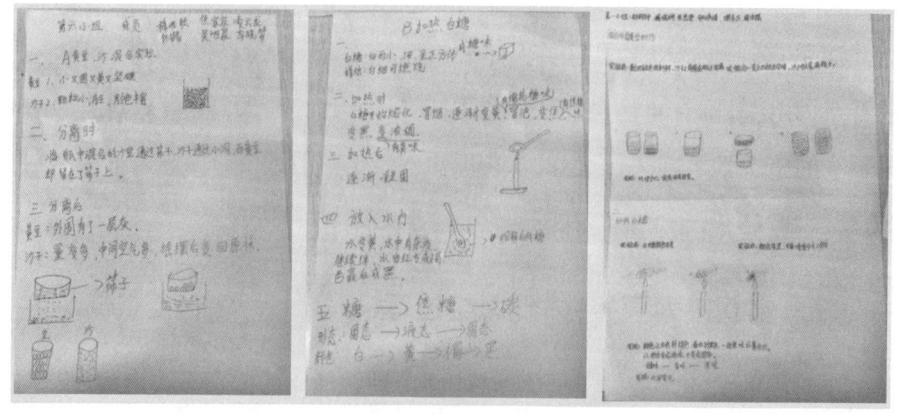

的画图记录。学生仔细地记录了每一步的变化过程，这比起单纯的文字记录更加生动形象，也更有助于学生在复习时唤起记忆。

（三）由整体到部分，凸显观察细节

科学课的画图要求有别于美术课，美术作品要求美观，但科学课上的实验记录首先要考虑的是是否客观公正、实事求是地表达出清晰的思维，如果在此基础上能有一定的美观度则更好。精细作图能帮助学生对实验对象进行细致的观察。

例如六年级下册《神奇的小电动机》一课，原先上这节课时，学生先观察小电动机的内部组成，猜测各部分功能，教师讲解，最后用教师准备好的材料安装一个小电动机模型。这个过程最大的遗憾是，学生对小电动机的内部结构与功能还是不够了解，学过之后很快就忘记了。

利用画图法改进之后，学生在观察的同时，一笔一画地画下小电动机的结构，一边画，一边产生了疑问：这是什么结构？对照着书本，找到名称后，又会想知道这个结构的功能是什么，便产生了自主学习的效果。等到学生画完图，教师只需查看学生所画的图片，就知道需要提醒学生注意之处，再针对性地提问，大部分学生就能掌握了。下图是随机挑选的学生作品。

 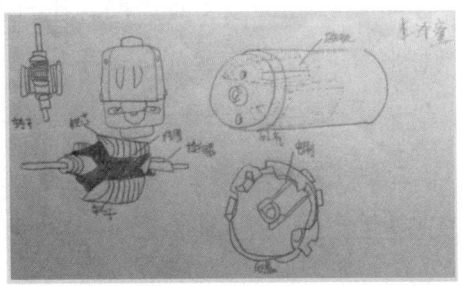

图中，学生标错了"电刷"，反映出该学生不清楚电刷的具体位置，对于电刷的作用也是模棱两可的。因此，需要引导该生进行电刷的学习。

本节课要有足够多的小电动机,最好每两人有一个小电动机,要求每个人都要画图,画图时还能一起讨论,一起找答案。课前准备时要将小电动机的外壳打开,方便学生上课使用。

再如,六年级上册"工具与机械"单元中《滑轮组》一课的教学,也可以利用画图法引导学生细致观察。本单元中的动滑轮、定滑轮、滑轮组的学习,常常是学生的薄弱环节。可以利用画图法改进实验过程:前一节课利用画图法了解定滑轮与动滑轮的连接方法以及它们的作用,这一节课先给每个小组一个定滑轮和一个动滑轮,来组装滑轮组,并由小组自行决定想要研究的问题,讨论实验的方案,进行实验。完成了滑轮组探究实验的小组另外增加了一个动滑轮,继续做研究,并进行展示交流,如图所示。

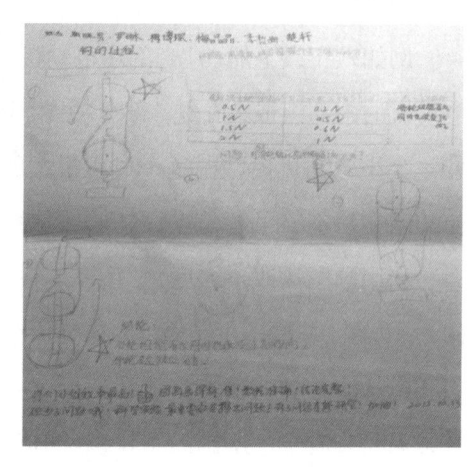

通过作图,学生能清晰地表达出自己的思维,帮助教师准确地找到学生的困惑之处,高效地指导教学。

如何使画图法更好地为教学服务,经过多年的实践研究,总结了以下操作性较强的建议:

1. 及时提醒,习惯记录

学生常常容易着迷于好玩、好看的实验现象,急着与同伴分享,而忘记了及时记录。这时候就需要教师及时提醒,在实验现象出现之前,学生要准备好作记录。

2. 客观求实,如实记录

学生可能会为了追求一个更好的答案而放弃真实记录,这需要教师不断地提醒：实验做得不好不要紧，重要的是我们要有追求真理、坚持实事求是、尊重客观事实的信念。

3. 及时批改，修正记录

对于学生的记录纸，教师也要像对待学生的作业一样批改，并要求学生及时订正。记录纸上的错误是学生真实的错误，及时指出并改正能有效帮助学生理解。

4. 注重鼓励，积极评价

对于学生的作图，不用太在意"美不美"，而应该关注是否体现出学生的思维，是否有自己的独到体会，是否观察得细致，让学生享受作图的快乐。

5. 整理成册，记录成长

记录纸作为学生的科学学习成长记录，在一学期结束之时，将其整理成册，做好封面，进行展示，激发学生持续记录的热情。

在小学科学课中，画图法是学生有效进行科学探究、改进传统课堂的辅助手段，合理巧妙地利用画图的方式来记录，不但能帮助学生学习科学知识，大大提高科学学习的效率，还有助于学生形成严谨、实事求是的科学态度，提高探究能力，更能发挥他们的特长，丰富童年经历。如何利用画图法更好地辅助科学教学，提升学生的思维能力，是教师长期要思考的问题。

第四辑 迁移与应用：
在学习活动中进行探究实践

"迁移与应用"解决的是知识向学生的经验转化的问题，即把知识转化为学生解决问题、综合实践能力的问题。"迁移与应用"需要学生具有综合的能力、创新的意识，同时，"迁移与应用"也正是有目的地培养学生的综合能力、创新能力的活动。

"迁移"是学习发生的重要指标，"应用"则是迁移的重要表现之一，也是检查学习结果的最佳途径。迁移与应用，在科学教学中的体现是：上一个环节的学习结果在下一个环节加以"应用"，又通过"应用"开启新的学习。

这样，学习内容的系统性、结构性以及随着活动深化而展现出的深刻性，学生学习的主动性、积极性，都在"迁移与应用"中得以显现，并在不断深入的学习活动中得以培养和加强。

科学探究方法的再迁移

科学探究是一种重要的学习方式,也是义务教育阶段科学课程的重要内容。什么是科学探究?《小学科学课程标准》指出,科学探究是探索和了解自然、获得科学知识、解决科学问题的主要途径,理解科学探究涉及提出问题、作出假设、制订计划、搜集证据、处理信息、得出结论、表达交流和反思评价等要素。而在指向核心素养的深化教育改革背景下,应用迁移一直在教学活动中扮演着不可忽视的角色。应用迁移是将学习过程中所获得知识、方法和态度应用于新的学习活动和解决真实情境的问题,以及迁移到其他学科和领域中解决综合性的问题的能力。良好的应用迁移也是与所学内容相关,能够激发学生积极思维,引导学生联系实际而自主解决问题的学习过程。

(一)梳理知识脉络,实现迁移

落实知识的应用迁移,首先要理解知识,不能仅仅理解这是什么,怎么用,还要理解它的来龙去脉。需要获得形成知识的感性认知,建立正确的思维方法,掌握某一知识与其他相关知识之间的关系,应用知识及相关规律解释真实情境中的现象,并能解决真实情境中的问题。

如在六年级下册《铁生锈了》这一课中,教师首先帮助学生了解"铁"的来龙去脉,了解它与"铁矿石"之间的联系,实现科学知识的迁移。

课前谈话

教师:先来考考大家三年级的内容,科学中观察的方法有哪些?

学生:看、闻、听、摸……

教师:记忆力很好啊,那金属的特性有哪些呢?

学生:金属具有光泽、导电性好、硬、重、延展性……

教师:厉害,记得真清楚!

课前谈话是为了帮助学生复习三年级的知识内容,包括金属的特性以及观察这些特性的方法,这些科学知识为本课中的主角"铁"以及后续的观察活动作铺垫。

聊一聊"铁"

教师:我们今天课堂的主角就是金属之一:铁。你们哪些地方看到过铁?为什么用铁?

(学生自由回答)

教师:我们再来看看人类用铁的历史。

(播放视频)

教师通过这一环节的设计,调动学生对铁的经验性知识,帮助学生认识到铁的重要性。

> **比较铁矿石和铁**

教师：我们的生活已经离不开铁，那么自然界中有没有单独的铁？

学生：没有。

教师：那铁是怎么来的？

学生：铁矿石中冶炼出来的。

教师：我们先来看一段视频。（播放视频）铁矿石中的铁与家人分离后还是原来的物质吗？

学生：不是。

教师：那由铁矿石到铁属于什么变化？

学生：化学变化。

教师：为什么说是化学变化？

学生：铁矿石到铁产生了新的物质。（铁矿石和铁不是同种物质）

教师：看来我们需要对两种物质进行比较，能比较哪些特性呢？

学生：颜色、气味、光滑度……

教师：那我们就对铁矿石和铁进行比较。

（学生分组实验）

教师：来说说我们的发现。

（学生汇报交流）

教师：讲得很仔细，有其他人进行补充吗？

（学生补充交流）

教师：根据对比，我们能发现什么？

学生：铁矿石和铁不是同一种物质。

教师：恭喜你们离科学家越来越近了，科学家们也认为它们不是同一种物质，但是科学家比较的特性还要更多。

在老师的带领帮助下,学生比较铁矿石和铁的各种特性,确定它们不是同种物质,从而确定由铁矿石到铁的变化属于化学变化,简化铁生锈的研究难度。通过比较了解铁与铁矿石之间的区别与联系,迁移知识,理解"物质的性质"这一科学概念。

(二)理解学科方法,运用于问题解决

《小学科学课程标准》中提到,要重视师生互动和生生互动,引导学生对所学知识和方法进行总结、反思、应用和迁移,促进学生自主学习和合作学习。科学探究方法的应用迁移首先要理解一般方法与领域或者学科方法,其次是将方法应用于问题解决,然后迁移到新的情境。

如《铁生锈了》在研究学习了比较"铁矿石和铁"的方法后,在新的情境中,将新学习的科学探究方法,迁移应用到对"铁和铁锈"的对比研究中去,这对提高学生的问题解决能力会大有帮助,同时也能激发学生的学习积极性。

铁生锈了

教师:铁与家人们分离后就兢兢业业为我们服务,同时也在寻找着它的家人们,你们觉得铁在找家人的过程中会发生什么变化?

学生:生锈。

教师:是的,铁生锈就是它找到家人回归大自然的过程。铁生锈属于什么变化,我们能继续像科学家一样研究一下吗?

学生:能!

教师:请拿出材料进行研究,并作好记录。

(学生分组实验,教师巡回指导)

教师:哪组先来汇报?

(学生汇报结果)

第四辑　迁移与应用：在学习活动中进行探究实践

教师：有补充的吗？

（学生补充汇报）

教师：我们的研究结果是什么？

学生：铁和铁锈不是同种物质，所以铁生锈是一种化学变化。

在这一环节中，教师引导学生理解铁生锈是一种自然规律的理念。建立在铁矿石和铁的比较之上，由学生独立探究完成铁和铁锈的比较，层次更加明显。学生应用观察物质特性的科学方法独立研究铁和铁锈，对比分析二者之间的关系，实现科学方法的迁移应用。

探索铁生锈的因素

教师：结合铁生锈的环境，请推测一下，铁生锈可能与什么因素有关？

学生：空气、水……

教师：为什么？

（学生自由回答）

教师：请各组讨论一下，选择其中一种因素设计一个对比实验，拿出记录纸开始。

（学生讨论设计，教师巡回指导）

教师：哪组上来汇报一下？

（学生汇报交流）

教师：对于他们的实验方法有疑问吗？有补充的吗？

（学生发表自己的看法或进行补充）

教师：有选择另外的因素的小组吗？请上来汇报。

（学生汇报交流）

教师：对于他们的实验方法有疑问吗？有补充的吗？

（学生补充）

教师：请大家课后按照设计的方法进行实验并记录。

本课例《铁生锈了》以铁回归大自然的生锈现象为线索贯穿课堂教学。从比较铁与铁矿石的特性入手，分析得出自然界中不存在铁这样的单独物质，而是以铁矿石的形式存在。人类是从自然界中通过各种方法分离出了单质的铁，加以利用，服务于人类的生活，但是被人类提取出来的铁会逐渐回归为自然状态，所以会发生生锈的变化，这是一种自然规律。引导学生从生活实际中寻找证据，并且利用我们学过的学科探究方法对比分析铁与铁锈的特性，使学生认识到铁生锈这个现象属于一种化学变化。借助多媒体手段，将铁的提炼和铁的生锈的化学原因简单化、儿童化，便于学生更加直观地认识，发展学生的思维，在潜移默化中影响学生的价值观，从而更加深入地去探讨生活实际中存在的一些事物及问题。

应用迁移将学习过程中所获得的知识，用新学的内容与方法解决实际问题，组织学生运用所学的知识和方法解决真实情境中的问题，做到融会贯通。应用迁移，一方面加深了对学习内容的深度理解，检验了学习效果；另一方面也培养了学生分析问题、解决问题的能力，发展了学生的核心素养，落实了教学的目标和要求。

"工程实践"问题的课堂教学策略

培养学生解决复杂工程问题的能力是工程教育的核心要求,而工程实践类课程体系的建设是支撑该能力达成的关键环节。但是目前小学科学工程实践类课堂中还存在诸多问题,如技术目标不够明确、设计环节不够重视、材料选择不当、评价标准不完善、学生参与热情不持续、科学课时安排不妥当等。

针对不同的、具体的课堂问题,解决策略如下。

(一)明确技术目标

设计制作类科学课的第一个环节就是要明确任务,提出要求。其中最重要的任务之一就是要明确技术目标,因为这才是科学概念是否能真正被学以致用的关键,技术目标决定着工程思维的方向和设计作品的技术含量。

如五年级下册《设计制作一个保温杯》一课教学中,由于缺乏对明确技术目标重要性的认识,教师只是提出任务——做一个保温杯,结果交作品的时候发现学生带来的都是具备形状和外观,却不具备良好"保温"功能的保温杯。后经反思,是因为教师没有明确"保温性能好"的技术目标,所以学生的设计和制作很多都停留在杯子的造型外观上，没有在"保温性能"上作过多的思考和研究。

又如，在《我的水钟》一课教学中曾出现过这样的现象。一开始教师就说："今天这节课，我们按照昨天每个小组的设计方案，共同合作制作一个水钟。"结果制作活动开始了，过一会儿一个学生举手提问："老师，我们的水钟可以做成一分钟滴10滴的吗？"过一会儿另一个小组又问："老师，我们制作的水钟可以是泄水型的吗？"就学生提出的这两个问题，可以发现课堂中的设计环节不够充分，更重要的是技术目标没有明确，导致学生对制作的要求产生了诸多疑问。实际上，对于本节课的教学，教师应该首先引导学生一起制订和明确技术目标：做一个怎样的水钟？实现什么功能？比如思考如何做一个一分钟滴30滴的水钟，在师生的讨论中进一步明确可以做几种类型的水钟，选择哪一种做，根据选择的类型确定需要什么材料，多少材料。这些思考点不仅可帮助学生明确任务，更为接下来的设计环节作好铺垫。

再比如《做一个指南针》一课中，如果教师只是要求做一个指南针，而对指南针要达到的技术目标没有提出明确的要求，那么学生在做指南针的过程中可能会去追求外观等其他方面的目标，最终会丢失本节课最重要的技术目标——实现"指针能自由转动并指示南北方向"这一本质。由此可见明确技术目标的重要性，只有明确了技术目标，才能提高学生解决技术问题的能力和技术设计的能力。

（二）重视设计环节

设计制作类科学课的目的是以教学内容所在单元的核心概念为基础，引领学生在设计制作的过程中予以综合运用及更深层次的探究。技术的核心是设计，但是很多教师在实际教学中却忽略了设计环节的重要性。为了让学生有更多的时间动手实践，直接放手"制作"。没有设计环节作铺垫，单纯的制作活动，顶多算是一节劳动技术课。

科学教师需要建立"将科学原理转化为技术产品，需要设计"的课程观念，让学生在学习中不仅掌握科学知识，也提高工程素养。因为只有科学设计下的制作才有针对性，才能将科学知识与科学技术相结合，体现工程素养。

以《用纸造一座"桥"》为例，本课要求学生在规定时间里，用一张报纸，少量的胶带建造一座"桥"，要求"桥"能跨越35厘米宽的"峡谷"，宽度大于10厘米，能承载200克重的"车辆"。当教师明确任务后，学生就进入设计环节，很多学生视设计为画图，以为设计就是把自己想做的桥画出来就可以了。有些学生简单画画，有些学生天马行空般幻想，完全没有在技术目标的限制条件下去设计。其实这样的设计只是停留在表面，与目标脱节，与制作脱轨，真正的设计应该是引导学生运用科学概念和原理以及现有的条件来设计。用纸造"桥"，教师首先要带领学生了解工程师是怎么造桥的，了解造桥的程序、所需的材料、所要注意的问题等等，再引导学生综合考虑诸多实际因素，如材料的特性和数量、形状和结构、部件的组合和连接等等。同时教师还要引导学生从制作难度、所需时间等客观的角度去调整设计。不考虑制作难度，不考虑时间的设计最终只会是"纸上谈兵"。

再如《设计制作小赛车》一课里，教师要引导学生思考"用什么材料""怎么增强动力""哪些地方需要增大摩擦力""哪些地方需要减小摩擦力"等，这些结构性的问题能让学生激活已学概念，让知识得到迁移和运用，设计方案也就在不断的讨论、交流、选择、确定中逐渐完善。

设计与制作环节不应该是相互独立的环节，而应该是相互融合的环节，设计应该同时存在于制作环节当中，边做边改进是技术不断调整的表现，教师不可能让设计一步到位，更不可能让制作一步到位。经常会遇到有些学生设计得很好，但实践很难操作，所以需要在制作过程中不断验证和调整技术路线，完善方案。设计的改进也是工程思维不断优化的表现。

（三）恰当选择材料

设计制作类科学课的制作环节需要材料的支撑，但材料的选择和准备常常成为教师最纠结的问题之一。如果让学生自己带，往往会出现学生带来的材料参差不齐，有些学生甚至连制作的基本材料都带不齐的现象，必然导致制作的效率大大降低。如果教师负责准备材料，那势必涉及费用开支，时间一长，开支不小，工作量也比较大，怎么办呢？

其实，在材料的选择和准备上应视课程的具体内容而定。例如《用纸造一座"桥"》，本节课是用纸造"桥"，看起来准备纸对学生来说没有任何困难，但实际操作中，学生带来的纸也会五花八门，有大有小，有硬有软，有厚有薄……哪怕老师规定带报纸，学生带来的报纸也各不一样。为了使材料的质地保持一致，教师可以帮助学生统一准备报纸，这样在材料的数量、种类上都可以做到统一，面对相同材料的制作，更能激发公平条件下的创新，而且在评价环节上也更好操作。

但是也有一些课在材料的准备和选择上不是很方便，比如《做个太阳能热水器》，如果教师统一准备材料，显然工作量太大了，而且设计制作一个太阳能热水器的过程，其中一个教学重点就是考查学生对材料的性能分析、选择和运用能力，因为材料的选择会直接影响热水器的升温、保温效能，这也是一种工程思维的体现，所以如果教师统一准备材料，那么这节课的设计价值就得不到体现。因此，当材料的选择成为一节课设计的核心点时，材料应该让学生自行准备。

另外还有一些课对于材料的准备选择上，教师要有循环使用的理念。比如《杠杆类工具的研究》一课中"小杆秤的研究"环节，教师给学生统一准备的材料有秤杆（一次性圆木筷子）、秤砣（螺丝帽）、秤钩（铅丝）和较粗棉线。在实际操作中发现，螺丝帽、铅丝可以重复使用，木筷子标刻度时可以先后用两种色笔刻画（实现两次使用效果），棉绳采用一次性使用。学生使用后，再进行拆卸，这样重复使用材料的效果能得到较好体现。

（四）完善评价标准

设计制作类科学课的评价环节，学生往往会局限于对制作成果表象的评价或交流，难以结合设计制作的要点进行交流评价，或者交流的内容单一无重点。所以，要真正能通过评价帮助学生巩固知识，提高表达、交流、倾听、反思、乐于科技设计制作等综合素养，教师需要用科学的评价标准来进一步完善设计制作类的科学课堂。

评价不仅仅要具有针对性，还需要前置，即评价也应该为明确技术目标、设计和制作环节导航。如下表格是一位教师在执教《用纸造一座"桥"》时所设定的评价标准。

项目	优秀	良好	合格
任务	能跨越35厘米及以上的"峡谷"，宽度大于10厘米，能承载200克重的"车辆"。	能跨越25~35厘米的"峡谷"，宽度8~10厘米，能承载150~200克重的"车辆"。	能跨越25厘米及以下的"峡谷"，宽度8厘米及以下，能承载150克及以下重的"车辆"。
材料	一张《浙江日报》，少量胶带、线	一张《浙江日报》，少量胶带、线	多于一张《浙江日报》，较多胶带、线
设计	根据制作要求综合运用所学知识，先画出草图，设计一座既实用又有一定创意的"桥"，并能结合制作过程合理调整设计图。	根据制作要求运用所学知识画出草图，设计的桥较实用，并能结合制作过程合理调整设计图。	根据制作要求运用所学知识画出草图，但草图表达不够清晰，调整后未能及时修改设计图。
制作	制作过程能体现设计意图，并能结合制作优化设计；能规范使用工具；能对作品不断修整完善；能对作品进行解释；小组分工明确，合作愉快；结束时能整理好相关器材。	制作过程中不断调整设计；能比较规范使用工具；能对作品进行修整；小组分工明确；结束时能整理好相关器材。	制作时体现设计意图不够，调整随意性较强，完成作品一般；安全使用工具；小组没有明确分工；能整理好相关器材。

从上面表格来看，这样的评价标准不仅仅体现了前置性，还体现了过程性、结果性，贯穿了课堂的全过程。特别是评价内容不仅仅指向单一标准，即纸桥的承重能力，还综合考虑"工程与技术"有关的材料、设计、制作的技术、习惯等，并为每项评价内容设置了评价等级，操作性很强。这样的评价标准起到了暗示和引领的作用，让学生明白了一座好的纸桥的标准，有了这样的标准和指标，学生的设计和制作更有据可循了，也更容易进行自我诊断了，至于最后的展示和评价也就不会缺乏重点和标准了。

当然，仅有一个科学的评价标准还不够，教师还需要不断利用评价标准去帮助学生进行反思和改进作品，既要让学生利用评价标准反思设计中所运用知识的合理性，也要利用评价标准反思制作中解决问题的方法的合理性，在评价反思中促进工程思维的形成，这比作品本身的优劣更值得关注，是设计制作类科学课的隐形成果。

（五）持续激发参与热情

设计制作类的课，学生往往表现为参与热情高，退却速度快，大部分学生缺乏持之以恒的耐心，虎头蛇尾，最后课堂只变成少数学生的课堂。要保持学生的参与热情和兴趣，教师首先要找到学生的"软肋"，最大限度地保持学生参与的积极性。学生的软肋在哪里？那就是要充分利用学生爱比赛、争强好胜的心理特点，让学生"为赛而做，以赛促做"。积极营造科技创新和研究性学习的氛围，整合课堂内外、校园内外的资源，合理衔接学校的各类评比活动，通过活动，让学生在激励下不断坚持，收获成功。

比如在《设计制作一个保温杯》一课中，在提出任务时，教师先声明这个活动会组织一场比赛，到时现场测量每个保温杯的保温效果，班级先评出奖项，然后再在年级组平行班进行终极PK，最后将获胜的作品进行全校展示，并予以奖励。通过这样的方式，学生的参与热情就会被大大激发。

另外，小学生在制作过程中如果遇到难题容易退缩，因为有些问题靠他们自己的力量是难以解决的，因此，教师还要注意在设计制作过程中进行适当的鼓励和指导。比如设计制作赛车时，教师可以为学生提供不同动力的汽车模型，启发学生思维，同时对于难度比较大的设计制作，教师还要学会进行良好的家校沟通，让家长也参与进来，进行监督和指导。

（六）妥当安排科学课时

实际教学中，教师面对设计制作类科学课感觉难度较大的原因之一在于这类课比较费课时，有时没有一两节课是完成不了的，所以在课堂教学时间限定的情况下，要把设计制作类科学课上得有科学味、有技术味，必须要有所取舍，根据具体情况具体安排课时。

如果追求科学性为主，想要在较短时间内完成设计和制作，那么就要注意目标不能求全，如"制作小赛车"，不能既要求开得快，还要求外形美观、工艺创新等。如果在追求科学性的基础上还想要求创新性和工艺精细化，那么建议把追求更高的技术目标放到课外拓展。此外，在重视技术与工程教学的当下，科学教师应该着眼大单元概念教学，统筹安排单元课时，让设计制作类科学课的课时更合理、更科学，充分发挥技术与工程教学的教育价值。

"项目式"学习的课堂应用

《小学科学课程标准》中加入了"技术与工程"这一新的学习领域,并强调与物质科学、生命科学、地球与宇宙科学三个领域知识之间的相互渗透和相互联系。小学科学课程不单单只要求学生了解科学技术知识,认识当下新技术对生活生产的影响,更是要求学生注重学习内容的应用,将书本知识和社会实践应用相结合,认识科技和解决问题的结合。而课程标准中"技术与工程"这一领域的加入,使学生有机会综合运用各方面所学的知识,体会到"做"的成功和乐趣,并养成通过"动手做"解决问题的习惯,提高学生的综合能力。

新增加的"科学、技术、社会与环境"目标也将融入"技术与工程"领域的三大主要概念。学生通过"技术与工程"领域的学习,不仅提高解决问题的能力和创新意识,还将形成热爱自然,珍爱生命,保护环境的意识和社会责任感。

通过对小学科学课程标准的解读,小学科学教材中很多单元都能使用"项目式"学习方式进行整体设计教学。这样既能让学生在探究过程中运用知识解决问题,又能提高他们对社会与环境的认识。所谓"项目式"学习即以整体项目设计、制作为学习手段,经历"提出问题、探究新知、设计制作、模拟修正、创新模型"等一系列学习过程。学生在完成项目过程中,运用多种学科知识、技术手段，不断发现问题、解决问题，逐步形成创新思维意识，最终使学生的科学素养得以发展。

（一）"项目式"学习的顶层设计

以六年级下册第四单元"环境和我们"为例，教师在单元起始课的教学活动中，初次向学生提出本单元总项目的学习要求和任务，学生结合该项目任务提出疑难问题。教师可以采用语言引导、师生互动、生生讨论、全班分享等多种教学手段筛选并确定最终完成该项目的总体组成内容和活动方法。通过一个单元的学习和课后的制作，综合已有知识和本单元的新学内容，结合多种手段逐步去解决项目中的疑难问题，最后完成期初的项目要求，并与全班同学分享、交流。

就"环境和我们"单元，在单元起始课教学活动中，教师向同学们介绍学校附近水资源的污染状况，通过真实情况的了解使学生明白保护"身边水资源"的重要性。随后，教师向学生提出本单元学习的总项目"保护身边的淡水资源"。同时，教师引导学生讨论"保护身边的淡水资源"的项目需要有哪些实施内容组成，并提醒学生项目组成的内容必须是用来解决现实中的实际问题。

学生通过讨论，提出很多个小项目来组成完成单元的总项目。这时，教师需要组织学生发现各个项目的优缺点，结合本单元的教学内容和项目完成的难易程度，最终确定"家庭淡水资源使用调查""设计制作污水处理系统"和"污染来源调查"3个小项目共同组成"保护身边的淡水资源"的项目内容。

最后，全班一起结合本单元学习内容，设计制订各小项目的实施步骤，按学习进度分步实施。

（二）"项目式"学习的分步实施

"项目式"学习由多个小项目内容构成，学生通过各个小项目的分步实施，最终汇聚完成期初构建的整体项目。小项目的学习过程中，学生不断经历"提出问题、探究新知、设计制作、模拟修正、创新模型"等一系列的探究过程，逐步提升多种知识的综合应用和解决问题的能力，最终指向学生的科学素养发展，如下图所示。

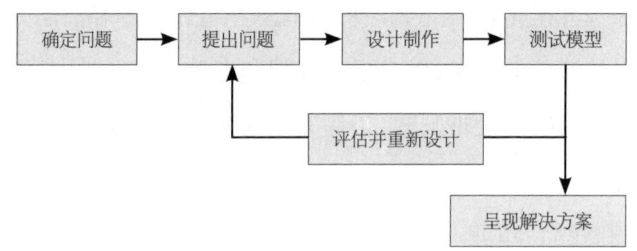

1. 项目呈现，提出问题

教师根据最初制订的内容，提出小项目中的任务。学生通过已有认知、小组讨论、交流后，提出完成项目任务需要解决的具体问题。教师结合教学手段，引导学生分别确定可以在课堂中解决和需要课后去解决的有意义的问题。

"设计制作污水处理系统"项目中，学生通过查阅资料，了解地球上淡水资源被污染的情况和地球上淡水资源的紧缺情况，认识到污水处理系统能把有些污水净化并再次被人类使用。教师根据期初制订的项目内容，呈现任务——小组制作一个简易的污水处理系统。学生根据已有知识经验，讨论要设计制作一个污水处理系统需要解决哪些问题，并提出假设。

经过小组讨论、全班交流和教师引导，学生最终提出了几个问题：污水处理器用什么材料制作？每一层的滤网用什么材料更合适？怎么连接每一层的处理池？

教师根据学生讨论和问题提出情况，结合本单元《污水和污水处理》一课的教学内容,对学生进行新知识、新技能的教授。

2. 提出假设,进行实验

学生根据提出的问题,进行不同的假设并用自己的理由支撑假设。同时,为了验证他们的假设是否正确,学生要自己设计实验方案来进行探究验证。对于课堂上学生无法实验解决的问题,也可以让他们通过上网搜索、小组讨论、课后实践等方式来解决。

如"设计制作污水处理系统"项目,根据上节课学生提出的问题,教师引导学生分析滤网用什么材料更合适。学生运用已有知识和课外资料进行大胆假设。教师引导学生对各自小组的假设进行实验方案的设计。学生设计好实验方案并通过实际操作,验证砂砾、石子、纱布等对污水的净化到底有什么不同的作用。而课堂中无法解决的问题"怎么连接每一层的处理池",学生则需要课后通过再次设计实验等方式来进行解决。

3. 设计方案,制作模型

根据实验后得到的数据分析,学生对项目问题已经进行了初步解决。对于本项目中的任务可以开始进行图纸的设计、制作。学生综合多学科知识和新学的内容可以自主进行项目的设计和初步制作模型。

如"设计制作污水处理系统"项目,学生通过上节课的实验分析,已经了解

1 设计一套污水处理系统

活动时间:第一个月第四周及第二个月
指导教师:科学老师
家长辅导员: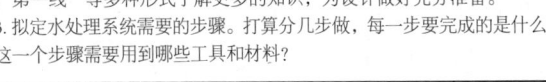
活动要求和提示:
1. 认真阅读本主题开头的总目标和课题要求,按要求设计该系统。
2. 先讨论一下你打算怎么做。哪些已学知识可以供你参考,甚至为你所用。多与老师、家长和同伴交流,也可以通过网络、书籍甚至是深入"工厂第一线"等多种形式了解更多的知识,为设计做好充分准备。
3. 拟定水处理系统需要的步骤。打算分几步做,每一步要完成的是什么?这一个步骤需要用到哪些工具和材料?

到污水处理系统每个处理池的过滤网材料不同。沉淀、过滤、消毒的步骤对过滤网材料要求也不一样。过程中，学生结合新学的污水处理系统知识和实验结论，各小组绘制各自污水处理系统的图纸，并制作简易的模型，如上图所示。

4. 测试模型，改进方案

学生结合新学知识初步完成了项目任务，教师要按照任务要求对模型进行首次测试。在测试过程中，让学生对提出的问题进行评估，并且在测试过程中学生也会发现新的问题，可以进行新一轮的问题解决。

如"设计制作污水处理系统"项目中，各小组根据设计的图纸已经制作完成了污水处理系统。教师在这节课要组织学生对污水处理系统的模型进行初步测试，引导学生分析交流各个污水处理系统的优缺点，并对各模型提出改进建议。学生们根据系统的污水处理能力再次完善改进各自的设计图纸和实际方案。

5. 完善模型，情感培养

学生通过改进的设计方案，进一步完善自己的模型，并将作品分享，体验大家不同的设计方案、取长补短。通过大家的分享交流，学生能不断提高创新思维和纠错意识。教师可以搭建不同的展示平台，并引导学生总结项目完成过程中的收获，最后达到培养情感态度和环保意识的目标。

如"设计制作污水处理系统"项目中，学生在课后修改完善自己的污水处理系统，并在课堂中与大家分享交流。教师引导学生总结污水处理系统制作过程中，解决了哪些问题，为什么要解决这些问题，使学生思维得到发展，并且能进一步培养学生对淡水资源的珍惜习惯，懂得水资源的可贵。

"设计制作污水处理系统"小项目的学习完成是另一个小项目学习的开始，"环境和我们"单元学生根据计划需要经历3个小项目的学习。而学生通过多次项目学习的分步实施，既能有知识上的收获，又能提高问题解决能力和综合应用能力。

  "项目式"学习方式在小学科学教学中很符合新课程标准新增加内容和目标的要求。通过"项目式"学习让学生意识到解决问题要从顶层设计开始入手,逐步提高他们解决问题的能力,明白完成项目的全过程,为学生发展科学素养打下基础。

四

培养实践创新能力的"融通"学习范式

实践创新能力是人全面发展所必需的一个重要因素，也是新课程改革明确提出的一个重要培养目标。探究性学习、小组合作学习等学习方式已经成为常态，"以生为本"的理念已深入人心，科学教育在"以培养学生科学素养为宗旨"的道路上踏实前行。

实践能力是人的认识观念在活动形成与发展过程中产生的能力，是运用新的思想，在发现问题、分析问题、解决问题的实施过程中所需的生理及心理特征的总和。小学生创新实践能力的构成要素包括"创新意识""创新思维"和"实践能力"这三个维度，每个系统又涵盖若干三级关键指标，如下图所示。

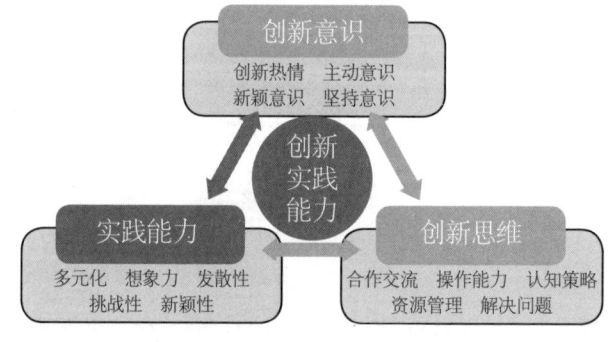

创新实践能力要素构成图

小学科学课程是一门综合性课程，虽在教材中已实现一定程度的融通，但也存在不太合理之处，如科学学习内容繁多，知识结构较为松散，缺乏适当的场域拓展；科学学习的学段割裂化容易导致学生在不同学段的学习过程中难以将所掌握的知识、技能融会贯通，无法形成关于科学学习的整体性、全局性的认识和理解；学科的单一化难以让学生全方位、多角度、更系统地学习知识，难以获得综合性、丰富性和关联性的体验。

通过场域融通、学段融通、学科融通三种方式，结合丰富的科学实践活动，可以有效提升小学生的创新实践能力。融通学习运作模式如图所示。

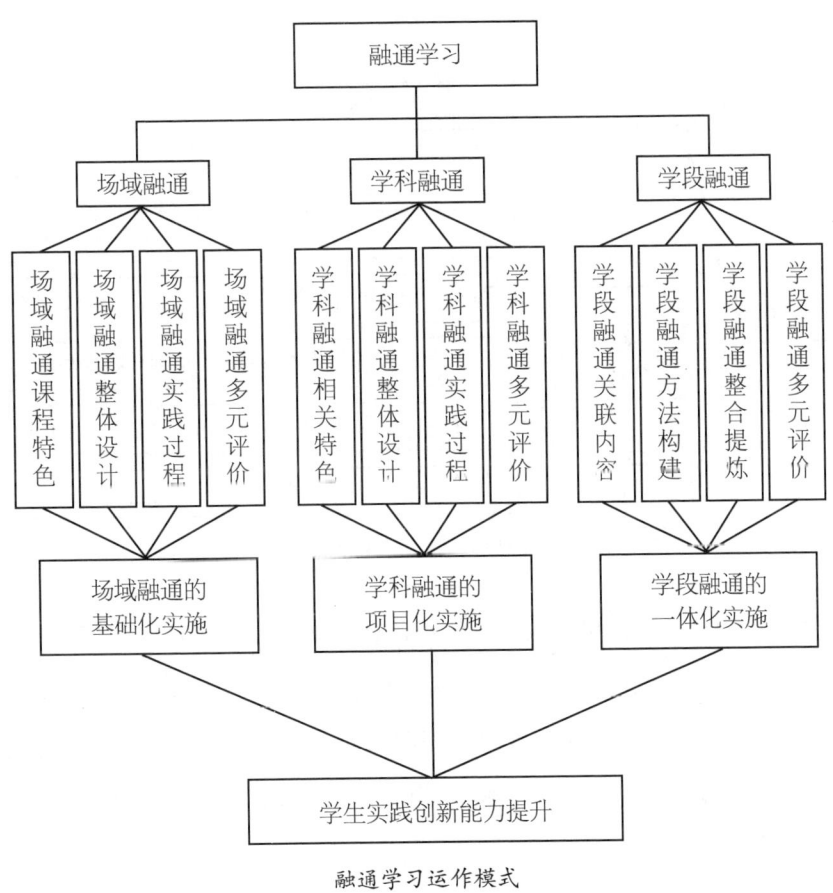

融通学习运作模式

（一）场域融通，提升学习主动意识和操作能力

场域融通是师生以社会知识、社会生活为中介，是教师、学生、课程要素等形成的以人的发展为目标的关系网络融会贯通的过程。

1. 场域融通的基本模式

场域融通运作模式，首先将具有课程特色的场域进行融通，如学校本身就已经建成的各个科学场馆场域、整所学校场域、区域内校区场域，再以课程的方式进行整体设计，实施之后进行多元化评价，重点在于提升学生的主动意识、发散性思维和操作性能力。

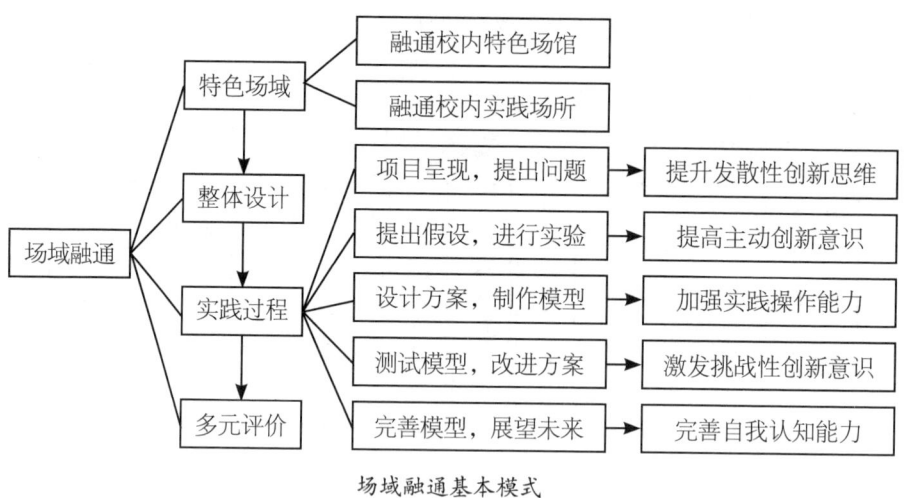

场域融通基本模式

通过课程特色组织融通校内科技特色场馆场域，满足师生在教学、拓展活动中教育资源的获取。同时，通过探究实验、资料阅读、互动式体验提高学生的创新意识、创新思维和实践能力；也可以以整个校园为实验室中心，融通校内各实践场所，让学生在任何时候都能够在校园的某块区域找到适合自己科学探究的场所。

2. 场域融通的实践过程

（1）项目呈现，提出问题 —— 提升发散性创新思维

教师根据课程的内容，提出场域融通后的任务。学生通过已有认知，小组讨论、交流后，提出完成项目任务中的需要解决的具体问题。教师结合教学手段引导学生分别确定在课中和课后要解决的有意义问题。

（2）提出假设，进行实验 —— 提高主动创新意识

学生根据提出的问题，进行不同的假设并用自己的理由支撑假设。同时，为了验证我们的假设是否正确，学生要自己设计实验方案来进行探究。对于课堂上我们无法用实验解决的问题，也可以让学生通过上网搜索、小组讨论等方式寻找灵感和解决问题的方法。教师在此过程中作为学生的引导者。

（3）设计方案，制作模型 —— 加强实践操作能力

根据实验后得到的数据分析，我们对项目问题已经进行了初步解决。对于本项目中的任务可以开始进行设计、制作。学生结合新学的知识和身边的材料可以自主进行项目的设计和初步制作模型。

（4）测试模型，改进方案 —— 激发挑战性创新意识

学生结合新学知识初步完成了项目任务，教师要按照任务要求对模型进行首次测试。在测试过程中，让学生对提出的问题进行评估，并且在测试过程中我们也会发现新的问题，就可以进行新一轮的问题解决。

（5）完善模型，展望未来 —— 完善自我认知能力

学生通过改进的设计方案，进一步完善自己的模型，并进行作品分享，体验大家不同的设计方案、取长补短。通过大家的分享交流，学生能不断提高创新思维和纠错意识。教师可以搭建不同的展示平台，并引导学生总结项目完成过程中的收获，然后认识项目的缺点并思考创新设计，最后达到培养情感态度的目的。

3. 场域融通的多元评价

（1）体现学生在评价中的主体地位

让学生成为评价的主体，这样有益于学生认识自我、树立自信，有助于学生反思和调控自己的学习过程，有利于促进语言能力的发展。每一课的评价都由学生来完成。

（2）注重形成性评价对学生发展的作用

评价是为了学生更好的发展，因此要对学生进行形成性评价。对学生每一堂课上的表现、所取得的成绩以及所反映出的情感、态度、策略等方面的发展作出客观的评价。同时让学生同伴、教师共同参与评价，注意评价的正面鼓励与激励作用。

（3）结合学校学位晋级制评价体系

将评价机制与我校"学位晋级"一体式的评价机制有机结合，能促进学生的学习兴趣，提高评价的有效性。

> **学习案例**

认识地球上淡水资源被污染的情况，了解地球上淡水资源的紧缺。污水处理系统能把有些污水净化并再次被人类使用。提出"小项目"任务，小组制作一个简易的污水处理系统，让学生思考制作一个污水处理系统需要解决哪些问题，并提出假设。

学生经过小组讨论、全班交流和教师引导，最终提出几个问题：

"污水处理器用什么材料制作？""每一层的滤网用什么材料更合适？""怎么连接每一层的处理池？"

对于提出的问题，引导学生分析滤网用什么材料更合适可以通过实验来探究验证，怎么连接每一层的处理池则需要课后通过其他方式进行解决。学生设计实验方案来验证砂砾、石子、纱布等对污水的净化有不同的有用。

学生通过水能源馆的参观学习、实地考察,进行实验分析,了解到污水处理系统每个处理池的过滤网材料都不同。根据沉淀、过滤、消毒的步骤对过滤网材料要求也不一样。这节课中,学生根据以后的知识和身边材料自己可以设计污水处理系统,并制作简易的模型。

学生根据设计方案制作了污水处理系统,我们要对它进行初步测试,根据污水处理能力再次完善改进我们的设计方案。

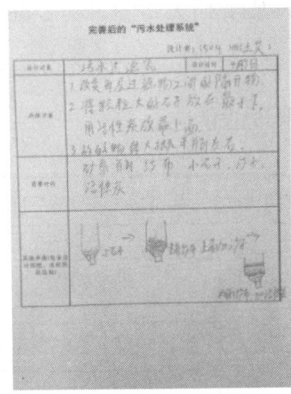

学生在课后修改完善自己的污水处理系统,并在课堂中与大家分享交流。教师引导学生总结污水处理系统制作过程中解决了哪些问题,为什么要去解决这些问题,使学生思维得到发展。同时进一步培养学生珍惜淡水资源的习惯,懂得水资源的可贵。

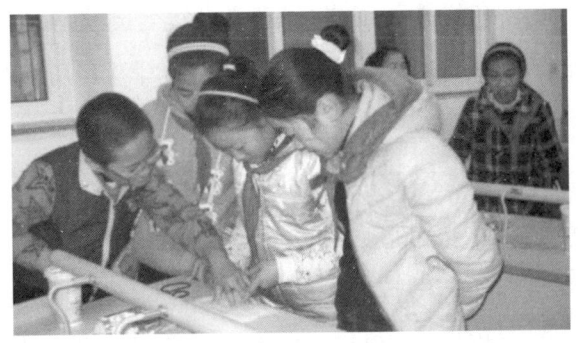

(二)学科融通,提升多元化思维和资源管理的能力

学科融通是在多学科知识交叉融合的背景下,针对某一课程主题进行原理性解读的教与学的方法,是把教育融成一个整体且内容广泛的、各部分有机地联系在一起的,能够使学生受到完整而统一的知识教育。

1.学科融通的运作模式

学科融通的运作模式基于相关特色课程,如科学与机器人课程、"蔬菜墙"课程等,进行整体设计规划,最后实施及评价,重点在于激发学生的新颖意识,提升多元化思维和资源管理的能力。

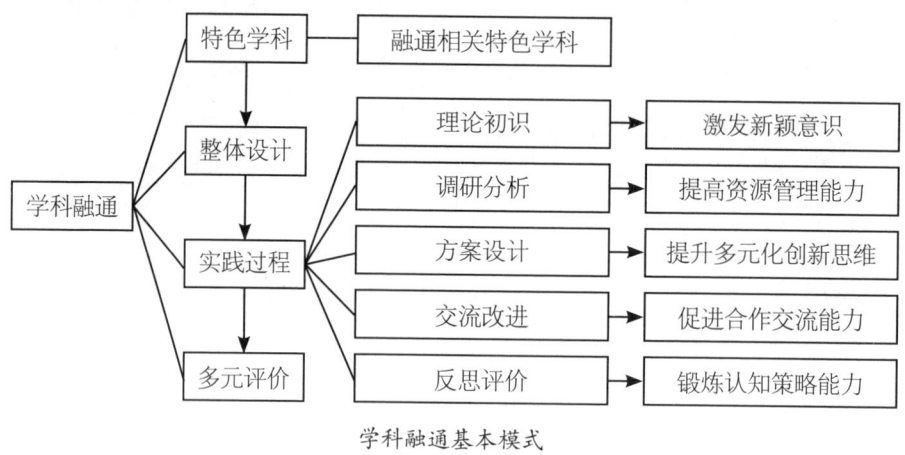

学科融通基本模式

融通具有学科特色的课程,如艺术、科学、数学、技术、工程等,以项目为问题驱动,以小组合作进行的自主化研究学习过程,学生经历了理论初识、调研分析、方案设计、交流改进等一系列过程。

2.学科融通的实践过程

(1)理论初识——激发新颖意识

通过实地学习、请专家、读书籍、看微课等方式学习所研究项目有关知识以及技术,并能开展辅助活动,对研究项目有更深刻的理解和认识,也能形成

一套电子图库和相关的微课,和配套的系列常见学习活动。

(2)调研分析——提高资源管理能力

在理论学习的基础上,借助专家的指导,进行大量的调研。相关的资料较多,而学生的整理与选择能力有限,需要通过小组合作与教师的指导,对已经收集的资料进行统筹整理,分析项目的技术、设计等。小组整理讨论的过程既起到了知识内化与巩固的作用,又起到了与组内成员共享的作用,同时学生的信息收集与分析能力得到了加强。

(3)方案设计——提升多元化创新思维

每个小组需要按照成员的学习能力、特长与兴趣进行合理的组内分工,在解决问题时各司其职。经组内成员分析讨论,在前期大量资料的学习基础上,选择与项目相关的资料,初步制订出问题解决方案。小组成员在制订方案的过程中激发多元化思维。

(4)交流改进——促进合作交流能力

通过初步交流发现设计的不足,改进设计,形成最终理论设计稿。通过前期的学习分析,挑选工具、材料、场所,小组合作完成各类项目的建设,其间由于小学生动手能力弱,需要教师或专家的指导和辅助。

(5)反思评价——锻炼认知策略能力

项目解决后,需要进行反思评价。一般以学生自评、学生互评、教师评价、家长评价为主,终结性评价为辅,强调对整个学习过程的评价。主要从知识储备、学习态度、能力提高、合作情况、成果情况等进行多方面评价。

学习案例

基于绿色教育的小学生绿色 PBL 实践课程以制作一个具美感、多技术、能创新、有市场的"绿色蔬菜"项目为问题驱动,一个结合绿色蔬菜锄禾园、绿色蔬菜墙、绿色蔬菜养育园、绿色蔬菜烹饪园等系列的"学校博物园",以及具有、绿色写作、绿色绘画、绿色制作、绿色翻译等的多学科项目衍生物。在设计与建造中，了解艺术、科学、数学、技术、工程与生活等之间的关系，培养学生的科学素养和创新能力，对学生综合能力的培养有较大意义。

学习蔬菜种植、养育、烹饪和蔬菜墙的知识与相关技术。通过实地学习（入菜园、菜场、小厨房、农田、农业园、菜蔬基地）、请专家（家长、庄稼户、蔬菜墙专家、植物墙商家）、读书籍、看微课（教师自制、网络推荐）、种蔬菜等方式学习蔬菜知识和蔬菜墙知识以及技术，并能开展辅助活动如校网公众号"每周一蔬"、寻野菜、校园农场蔬菜分布图、蔬菜摄影、蔬菜标本制作、叶脉书签制作等，对蔬菜有更深刻的理解和认识，也能形成一套学校小厨房常见蔬菜库图本，以及电子图库和相关的微课，和配套的系列常见蔬菜学习活动。可以出现在各类场所，如校园、社区、课堂、家庭等；可以出现在各类活动，如校园读书节、科技节、体育节等；更可以为课堂服务，如语文写作、科学技术更新、美术作品制作、英语翻译等。

3. 学科融通的多元评价

（1）项目的技术共享

学生利用所学的知识、技术和能力进行共享，各类蔬菜项目不仅可以出现在实验室，还可以建设在校园墙面、教室墙面，甚至可以在家庭阳台、室内进行。

（2）对融通课程进行分析

通过组织课程组成员讨论、学生问卷、座谈分析、聘请专家指导等对课题的全过程进行反思总结，分析存在的问题，归纳问题解决的方法与经验，将零散的问题解决方法与经验系统化。

（3）对融通课程进行评价

评价成果是否全部实现，是否能实用于校园、课堂中；评价学生实践过程的收获和成长；反思活动的不足，改进课程和活动。对课程进行改进，以更好地进行研究和推广。

(三)学段融通,融通学科内容、方法构建、整合提炼

学段融通指打破固有的学段壁垒,沟通不同级段的教学认知,使知识序列和能力培养循序渐进,彰显教育教学的层级性差异与螺旋式上升过程,从而让多学段得以融会贯通。

1.学段融通的基本模式

学段融通需要经过不同学段老师们的整合与筛选,融通学科关联内容、方法构建、整合提炼后进行实施与评价。

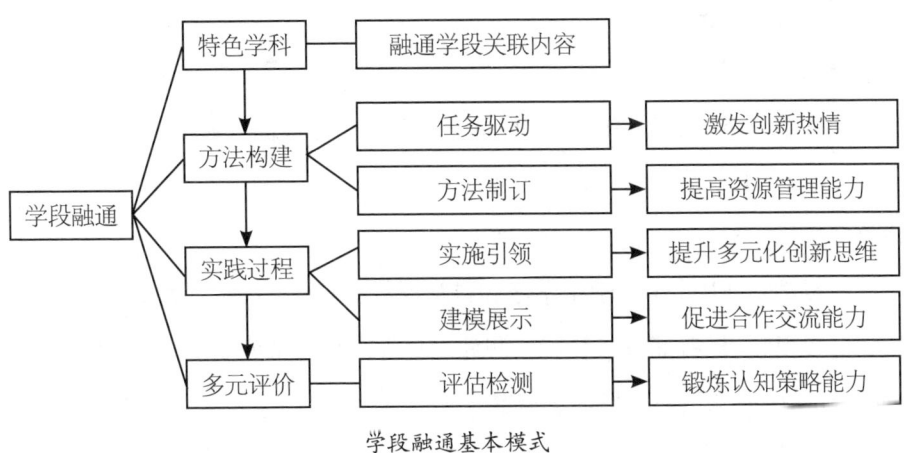

学段融通基本模式

根据不同的案例,理清教学目标,从科学、技术、工程、数学甚至艺术等学科的不同领域进行有机融合,开展课堂实践的研究并建构一整套的研究方法。

2.教学基本环节的设计内容

(1)任务驱动

对学生而言,激发学生 STEM 项目学习的动机与创新热情,提高学生的学习积极性是至关重要的,这就要求以项目学习的核心主题为切入点,对学生提

出本次项目学习的内容、要求等。

（2）方案制订

在明确任务后，学生们要进行一个计划的制订过程。在制订计划时要求学生对活动人员安排、材料使用、任务分配等有一系列的安排。

（3）实施引领

参与本课程的是一至九年级的学生，年龄跨度较大，在具体实施的过程中，需要教师的点拨和引领。

（4）建模展示

教师要为学生们搭建一个展示成果的平台，展示学生们的思想感受、独特设计、任务成果等。

（5）评估检测

当完成任务后，对整个活动的评价由教师和学生们一起完成。从任务的完成度、优秀度，学生们在完成任务过程中的态度、合作、参与度等方面进行评价。

在教学实践中，结合学生学习和科学课程的特点，可将课题的活动设计、教学过程视频、材料准备、记录单、测评工具等综合起来建立资料库，为融通教育的推广、融通课程的开发提供借鉴。

3. 学段融通多元评价

（1）整体性评价

每个学生都有自己的长处和短处，不要把目光停留在学生的某个优点或缺点上，要从知识与能力、过程与方法、情感态度与价值观几方面进行评价，以全面考查学生的科学素养的培养为主。

（2）形成性评价

项目学习是一个较长的过程，收集能反映学生学习过程的资料，如关于学生平时表现和兴趣潜能的记录、学生的自我反思和小结、教师和同学的评价、来自家长的信息等。

（3）定性评价

对学生 STEM 项目学习的结果进行分析，客观地描述学生在学习过程中的优点和不足，并提出建议，用最有代表性的事实来评价学生。而对学生的日常表现，应以积极评价，采用激励性的评语，从正面加以引导。

> 学习案例

以九年一贯制学校为例，学生小学毕业后直接进入初中部学习，学校一直在做中小学不同学段之间的衔接研究，融通学段的意义在于：九年一贯制学校在教学上能更好地进行中小学教学目标的衔接；中小学教师之间能进行更好的交流，共同开展教研活动；能融通利用中小学部的教学资源，最大程度发挥教学资源的效益。

课题组成员仔细研读中小学《科学》教材，理清小学科学教科版与初中科学华师大版教学内容的内在联系，分析学科之间的知识关联，基于科学课程标准，从三个领域设计合理流程进行活动。学段融通学习资源具体如下表：

年段	项目领域	STEM 教育			
		S（科学）	T（技术）	E（工程）	M（数学）
小学低段	物质科学	知道物体的基本特征；辨别生活中常见的材料；知道常见的力。	能利用多种感官观察身边世界，学会使用放大镜等简单工具，观察对象的外部形态特征及现象。	了解科学探究需要制订计划；能基于所学知识制订简单的探究计划。	学会用简单的数据和图画来记录所观察到的现象，并能进行简单的分析。
	生命科学	认识周边常见的动物和植物，能简单描述其外部主要特征。知道动物的生命周期，初步了解动物和植物都能产生后代；能根据有关特征对生物进行分类。			
	地球与宇宙科学	知道与太阳、月球相关的一些自然现象；土壤等对植物和人类生活的影响。			

续表

年段	项目领域	STEM教育			
		S（科学）	T（技术）	E（工程）	M（数学）
小学高段	物质科学	描述物体的运动；认识力的作用；初步了解常见的物质的变化，能量转换。	教师引导下能运用感官和选择恰当的工具仪器（如：秒表、天文望远镜、相机等工具的使用）。	设计探究活动,用不同方式记录活动过程,用不同材料建造不同的模型。	数数、测量、计数、数据记录、统计、图形、几何图形、组成结构等。
	生命科学	初步认识人体的主要生命活动和人体健康；初步了解动物与植物之间的相互关系；了解生物的生存条件和多样性。			
	地球与宇宙科学	初步了解地球上一些与大气运动、水循环、地壳运动有关的自然现象的成因；认识人类与自然资源和能源的关系；知道地球是人类应当珍惜的家园。			
初中	物质科学	了解物质的一些基本性质，认识常见的物质运动形态，理解物质运动及其相互作用过程中的基本概念和原理。	选择正确的相关材料、仪器、设备和技术等。使用有关设备和材料进行调查、检索、观察、测量和实验。	选择取得证据的途径和方法，决定收集证据的范围和要求，制订相应的计划。	安全地操作；记录观察和测量的结果。分析、处理观察、测量和实验结果。
	生命科学	了解生命系统的构成层次，认识生物体的基本构造、生命活动的基本过程，以及人、健康、环境之间的相互关系。认识生命系统是一个开放的物质系统。			
	地球与宇宙科学	了解地球、太阳系和宇宙的基本情况及其运动变化的规律，了解在人类生存的地球环境中阳光、大气、水、地壳、生物和土壤等是相互联系、相互影响、相互制约的整体。			

五

STEM 项目的开发与实施

STEM 教育理念是多学科交叉融合付诸教学实践的一种尝试与思考,体现了素质教育的实践与创新。它能够有效地促进科学、技术、工程学、理学之间的交流、融合与创新,给学生提供完整的知识学科背景,使其在系统化的学科知识体系中加强对每个学科内容的理解与内化。下面列举校本拓展课程"玩转科学"当中涉及的课程教学案例,探索如何将 STEM 教育理念融入课堂的教学实践中。

在小学阶段,科学学习的目标不仅仅在于科学知识与技能的获得,还包括了科学的思考方式和知识的实践与运用。小学科学倡导学生动手动脑学科学,而基于学生的身心发展规律,他们并不能掌握过于复杂难懂的科学概念,因此生活化的科学课程就显得尤为重要。生活化实验包括实验内容生活化、实验情境生活化、实验材料生活化和探究方法生活化。基于 STEM 教育理念,"玩转科学"课程将多学科的基础知识整合在若干教学项目中,在课堂中进行系统的情境教学。对生活中的实物原型进行分析,利用常见的生活材料简化设计,应用于实践,有助于学生学会设计、学会思考,形成良好的思维习惯和行为习惯。

（一）"玩转科学"课程特色

师生首先共同观看一个生活中实物原型运作机制的视频案例，了解工程设计的主要环节，并将主要流程梳理出来。在此基础上，教师创设贴近生活实际的问题情境，以如"制作野外简易爆米花机""半张 A4 纸做手机支架""求救空气号角"等为任务进行分析讨论，将科学、数学、技术和工程有机地交叉融合在一起，使学生在实践体验中学习应用多学科知识以应对现实问题。充分利用生活材料简化设计，在符合科学原理的基础上结合美学和工程学，并通过进一步制作实物，来提升学生对设计图样的表达能力和物化能力。下面以课程中的一个案例"制作野外简易爆米花机"为例作具体分析，其余案例以简化形式呈现。

（二）四维课程目标定位

"玩转科学"STEM 课程，依据科学核心素养的四个维度，定位了课程目标。

科学观念：能了解实验设计过程以及具体环节，知道设计是有规律的且处在动态变化中，理解实验过程需要不断改进和优化。

科学思维：能以经验事实为基础，对客观事物进行抽象和概括，进而建构模型，还能从不同角度分析、思考问题，提出新颖而有价值的观点和解决问题的方法。

探究实践：体验实验设计的一般过程，学会有顺序、有计划、灵活地开展活动设计的方法。在动手实践、合作讨论中，培养交流、评价、实践的能力和团体协作的意识。

态度责任：对生活中常见实物原型中涉及的科学问题和技术问题保持一定的敏感性和探究欲望，同时感受技术问题解决过程的艰辛与曲折，体验生活便利的来之不易。

（三）"八环节"课程内容

1. 引入环节

教师首先介绍生活中常见的爆米花机实物原型，并提问："也许你认为这些高大上的机器只有特定的工厂才能够生产，但其实我们自己动手也能制作出美味的爆米花。你知道它的原理是什么吗？"引发学生思考。

2. 创设情境环节

教师展示一张图片，在野外想要吃上美味的爆米花，可是身边只有塑料盒、易拉罐、

爆米花机

蜡烛、小刀、手电筒、可乐瓶等，引导学生根据物品的不同特点进行选择分析，梳理制作爆米花机的全过程，并将主要环节板书在黑板上。

图片能够使学生更好地进入生活情境，激发学生学习兴趣。在教学设计上摆脱了传统的"讲授式教学"模式，以激发引导 — 共同分析 — 自主探究的形式使师生一起梳理图片内容，自然得出实验设计过程的环节和步骤，使学生更容易接受和理解课程内容，符合 STEM 教育当中的情境性特点。

3. 发现与明确问题环节

教师引导学生观察爆米花机的工作过程，使学生发现制作野外爆米花机需要解决的难点和重点，从而引出本节课的任务——学习制作爆米花机的方法。

课程内容选择了生活中的常见实物原型爆米花机，在解决制作中的重难点问题过程中引导学生融合多学科知识灵活运用，符合 STEM 教育的跨学科性。

4. 方案的制订及设计图样的绘制环节

在发现制作的重难点后，学生先构思解决难点的方法，将设计的材料构

造描在纸上并进行分析。教师指导学生测量蜡烛的高度以及易拉罐半径等尺寸,在测量的基础上,教师提出关于结构稳定性、加工精度、结构强度等问题。

根据蜡烛高度利用外焰加热来设计易拉罐高度是应用数学知识解决实际问题的过程,触发学生的学习、探究。学生能在亲身实践中找出误差更小的测量计算方法,对所学数学知识有更深刻的理解,从掌握单纯知识点转变为掌握解决问题的方法。

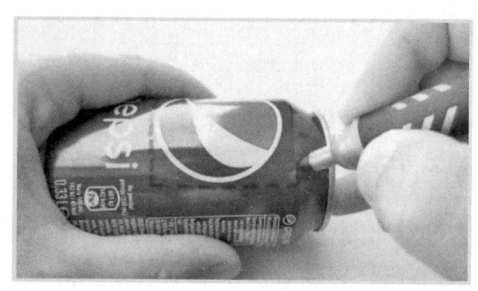

分析材料轮廓尺寸

5. 模型的制作环节

教师指导学生利用马克笔进行标记后再使用美工刀进行切割。学生首次切割并拼装出的模型并不成功,教师引导学生共同分析原因,处理两个生成性问题:

第一,易拉罐的承重问题。教师引导学生拼装两个易拉罐,实践得出由于易拉罐在被切割掉一半后,承重能力有所下降,在爆米花的爆出过程中,可能由于爆米花飞溅产生的对易拉罐的冲击力,会让上部分易拉罐倾斜或者下滑,导致装置脱落或者压灭蜡烛的火焰。由此学生认识到只简单拼装两个易拉罐是不可行的,并提出将下部的易拉罐通过弯曲边缘来固定上部分的装置,有效改善了这一问题。

易拉罐承重问题及解决方案

第二,蜡烛火焰温度较低。由于一根棉芯的蜡烛加热时间长且到达不了爆米花所需的温度,学生提出了增加棉芯的想法,通过改进,将蜡烛棉芯增加到三根,加快了爆米花制作的进程,干玉米粒也更不容易烧焦。

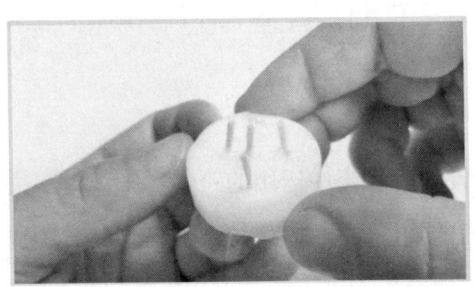

增强蜡烛火焰强度设计图

教师对实践过程中产生的问题及时进行分析指导,并和学生共同改进设计方案直至最优化。学生亲身经历问题的实践和改进,会对不同的材料特性和零件相互组合的问题有更加深入的理解,符合STEM教育特征中的体验性。

6.作品测试环节

简易爆米花机制作完成后,学生测试爆米花成品情况,对有问题的部分进行修复调整。

学生自制爆米花机展示图

7. 展示交流与评价环节

本课程的评价方式是教师评价与学生自评、同伴互评相结合。教师根据课程特点制作了自评表和互评表。课程评价强调评价主体多元化,面向整个学习过程。

8. 归纳总结环节

通过总结实验设计过程当中运用的跨学科知识对解决生活实际问题的作用,促进学生将片段的知识融合统一。在此基础上,教师播放一段自制夹娃娃机的视频,引导学生继续探索工程学知识和物理相结合的生活化科学制作,进一步激发学生探究创新的愿望。

本课程其余项目简介和主要材料如下表:

名称	主要材料	名称	主要材料
半张 A4 纸做手机支架	半张 A4 纸	全息投影	透明塑料膜、白纸、透明胶、铅笔、三角尺、量角器
求救空气号角	气球、塑料瓶、吸管、剪刀、钻孔器	水力风火轮	吸管、塑料瓶、棉线、剪刀、美工刀、热熔胶枪
气垫飞碟	气球、光盘、塑料管、热熔胶枪	吸管飞行器	剪刀、尺子、铅笔、吸管、钳子、标签纸、回形针、A4 纸

在此拓展课程中，基于 STEM 教育理念进行了小学科学生活化拓展课程的设计方案，提出了与此课程特点相对应的开发原则和开发过程，开发出"制作野外简易爆米花机""半张 A4 纸做手机支架""求救空气号角""全息投影"等实验案例，在应用于课堂教学的过程中经过反复筛选优化也取得了较好的教学效果。一方面，学生的动手能力得到了提高，能够发现生活中处处有科学，许多常见生活物品都可以作为探究材料；另一方面，学生在动手的同时也在不断反思改进，也体会到每门学科的知识并不是独立存在而是相互联系的，在解决问题的时候需要融合多学科的知识和方法，为培养学生 STEM 素养打下了基础。最后总结得出经验：(1)实验设计要贴近学生生活；(2)注重实验情境的创设；(3)重视实验小组内的分工合作，学生可以个人或以小组为单位接受任务，独立自主地完成，并与老师和同伴分享快乐体验的过程。能力较强的学生可以摆脱传统的结构化课堂教学对个人学习与设计活动的约束，能更好地发挥个人能力。

结合小学生的身心发展规律，学生存在个别差异性，对各学科的知识掌握程度以及动手能力存在一定差别，这使得在课程实施过程中存在不少难关。首先，课程的难度设置需符合大多数学生的接受能力，由于"玩转科学"拓展课程面向三至六年级，学生的知识程度参差不齐，因此在实验课程选择上更增加了难度。实验的设计和选择包含了简单的数学计算和测绘，在工具的使用上如使用热熔胶枪也需教师时刻关注，保证安全。其次，课程评价方式需要根据不同的课程内容进行改变，将学生自评和同伴互评相互结合，对有想法、有能力的学生给予一定的奖励，但由于评价方式的灵活性，相对公平的评价难以得出。

将 STEM 教育理念与小学科学相结合是当下科学教育的热点，这股 STEM 教育的热风已经刮向世界各个角落，这必将成为未来小学科学教师的重要发展方向，科学教师的教学方式也将产生巨大的改变。这是个机遇，也是个挑战，会对小学科学教师提出更高的要求，需要科学教师汲取各学科的知识，融会贯通并不断努力学习。

教学本身是一个积累经验的过程，只有在不断实践中反复摸索才能真正理解其内涵与精髓。跨学科学习作为一种创造性的学习方式，对学习者的综合能力提升起着至关重要的作用，因此对多学科整合的教学研究需要更多的老师进行不断的开发研究，不断积累经验。希望在以后的实验教学中，利用已有基础对融合艺术的 STEAM 教育和融合写作的 STREAM 教育进行研究，开发更多融合多学科知识的小学科学实验教学的案例，为小学科学实验课堂教学提供更多的参考。

第五辑 空间与资源：
课堂深度探究的支持系统

"空间与资源"解决的是怎样保证课堂中开展深度探究活动的问题，即深度探究的支持系统，此中包括科学家庭实验、探究实验室、科学学科基地等科学探究的空间建设，以及教研活动、学科团队等科学资源建设。

家庭科学实验是课堂教学资源的拓展和延伸，可以实现学生的科学个性化学习；探究实验室是能够充分支持学生进行多方面探究性学习的环境，为学生提供各种各样的探究设备和工具，创设一个面对真实事物进行探究的环境；科学实践基地为学生搭建多种展示平台，让不同的学生都能找到属于自己的舞台；教研保障和团队建设又为深度探究提供了师资保证和技术支持。

这些空间和资源建设为课堂深度探究的开展提供了有力保障，使探究实践活动更能体现学生主体性，增加学生的参与度，既有利于学生基本知识技能的形成，又有利于培养学生的科学方法和精神。

一

科学家庭实验的探索实践

家庭实验是学生在父母的指导下,利用家中有限的材料进行学习和探讨的活动,可帮助学生理解生活中的科学小常识,具有趣味性、探究性、创新性、普及性的特点。家庭实验是学生对课堂学习进行补充、巩固和拓展的重要活动。小学中段三、四年级的学生,接触科学课不久,但语言表达和文字描写已具备一定的能力,学生实验也有一定的基础,他们开展家庭实验是切实可行的。

(一)合理布置,促进家校合作

利用寒假小假期,给予学生和家长充分的实践时间,布置家庭实验任务。要求在父母的指导下,合作完成科学小实验,并将其写成一篇科学小论文。

以四年级学生为例,四年级的学生经历了一年多的科学课堂学习,已经具备了一定的动手实验能力和科学探究能力,实验操作问题不大,但是科学小论文的撰写却可能是初次接触。四年级学生虽已具备一定的写作能力,但对科学小论文的形式很陌生,因此有必要以优秀范文为例,介绍科学小论文的主要构成,包括实验名称、研究目的、所需材料、操作步骤、数据现象、解释结论、评价讨论、注意事项等,配以文字图片简要说明。

像科学家一样做科学,学生的初次作业需要家长的指导和协助,为此要告知家长家庭实验的重要性,希望其配合完成。

(二)课前测评,确定学习目标

例如《舌尖上的发酵食品》家庭实验,教师把微课、链接推送给学生,学生点击相关链接,就能进行学习;而学习单的推送,教师以"问卷星"二维码的形式推送给学生,在线完成课前学习单并完成学前测评。最后,教师回收任务单,进行数据收集。根据学生线上课前检测的结果,有针对性地调整教学目标和方法。教师通过学前测评了解学生对发酵食品的前概念,课前学习单具体测评结果如下表:

题目	选项	比例
1.下列食物中属于发酵食品的是( )	①牛奶	21.7%
	②米酒	62.5%
	③辣椒酱	15.8%
2.制作米酒的酒曲属于( )	A.微生物	51.8%
	B.酒精	41.2%
	C.其他化学物质	7.0%
3.制作泡菜时加入适量白砂糖的作用是( )	A.使泡菜甜美可口	79.5%
	B.杀灭细菌和真菌	10.2%
	C.为发酵提供原料	10.3%

从以上学前测评可以发现,学生对生活中常见的发酵食品有基本的认知但不精准,牛奶非发酵食品而酸奶是由乳酸菌发酵形成,从结果看,仍有部分学生容易混淆。而从第二题和第三题的答题情况中可发现仍有许多学生没有掌握发酵的本质是微生物引起的变化,这需要教师结合课堂教学关注学生存在疑问的环节,将发酵食品的发酵过程以及发酵所需条件作为课堂研究的

重难点。

（三）实验改进，重新设计过程

在教学过程中，教师要结合学前测评和实验改进进行家庭实验过程的重新设计，要以建构"科学概念"为指向，充分使用来自学生的资料收集结果或生活经验，将这些前概念通过整理提炼，用学生能理解的语言，帮助其达成通俗易懂的共识或正确的概念，为家庭实验打下基础。《舌尖上的发酵食品》从设计上以三个步骤体现科学思维的递进，包括发酵食品知多少、发酵食品利与弊、发酵食品大观园，同时每个步骤要求学生提交丰富多彩的呈现方式。《舌尖上的发酵食品》三个步骤的具体内容如图：

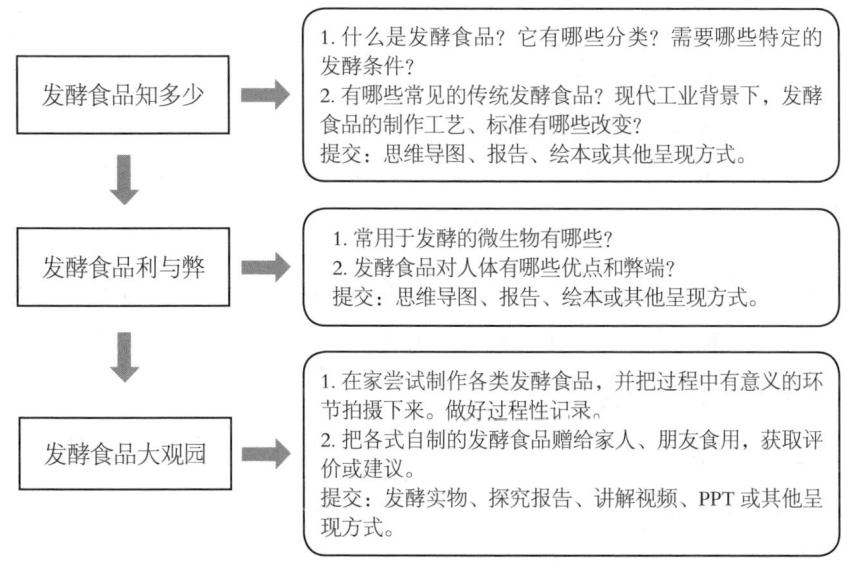

学生带着问题去搜集资料，将资料整理成学习成果并通过班级圈分享，最后以项目式学习的方式呈现效果，推进家庭实验全过程。

(四)利用媒体,实现精准指导

在《舌尖上的发酵食品》这一项目式学习中,教师充分利用现代教育技术,结合线上线下指导,以教学设计为基础达成教学目标。利用班级圈功能展示学生思维变化,巩固核心概念,实现教师的精准指导。

1. 推送功能,精准覆盖

学生通过班级圈功能上传制作过程和成果来记录作业,这样学生能够及时将实验现象进行反馈,同时教师又能够通过线上及时看到所有参与实验学生的情况,而且班级圈还有点赞评论功能,不仅老师能够看到,其他学生和家长也能同步收到,能帮助学生互相对比反思,及时评价,做到师生评价、生生互评甚至家校评价的覆盖面广泛的个性化评价。

2. 进度调控,精准改善

由于每位学生选择的发酵食品不同,再加上寒假时间较长,家长拍摄视频图片制作花费时间不同等,因此实验进度有所不同。但是在班级圈中,一部分先上传的同学作品会提高未上传学生的积极性,在制作过程和成果的展示上也更加丰富多彩。从学生上传的情况来看,大部分学生一周内能够完成制作任务。最后,依据学生作业上传情况以及发酵食品的情况,确定学生的掌握情况,开展评价奖励和方法改进环节。

3. 成果分享,精准奖励

班级圈中还有一个功能,可以将优秀作业推荐并分享至班级群。利用这个功能,教师将实践操作中比较科学、规范的作业分享给所有学生,起到模范作用。操作不太规范的学生能够取长补短,学习他人优秀经验,完善自己的实验操作,使结果更加准确。

4. 时刻总结,精准反思

教师针对寒假家庭实验《舌尖上的发酵食品》开展评价及反思。首先,奖励上传成果优秀,制作认真的学生。其次,帮助少部分没有参加和制作马虎的同学进行反思总结,再进行第二轮的实践活动。第二批学生有了经验,能够更快完成实验,并且结果更加准确。

在活动结束后,舌尖上的发酵食品活动可以继续以班级圈推送的形式延续下去,优秀的学生成果可以在寒假结束后与其他同学进行分享,促进学生对生活中的科学产生兴趣和探究欲望。

(五)即时点评,营造活跃氛围

学生的作品以电子稿形式上交至班级微信群。用班级微信群这一交流平台,及时进行远程批阅点评。点评主要包括肯定优点、鼓励探究、拓展建议、指出问题等方面。

肯定优点:表扬的方面包括学生的科学小论文写作能强调实验操作要点和注意事项;对实验现象的观察、描述、记录非常仔细详细;环节完整,有猜想、实验、检验和发现;各环节名字有个性;能用实验所获得的知识解释生活中的现象;实验操作有挑战性等。在表扬之中,学生的科学小论文撰写更加详细和规范,编辑更加精美,科学探究更加深入。

鼓励探究:为学生树立榜样,科学家也是从不断试错中找到科学发现和真理的;推荐学生观看"加油向未来",鼓励尝试做感兴趣的、可操作的实验;学生采用视频直播也是一种好的形式,直观有说服力,还可以锻炼他们的讲解能力。在鼓励中学生能查阅资料、改进实验,在期待中出色完成实验论文。

拓展建议:如学生实验鸡蛋在不同浓度食盐水中实现沉浮,建议将鸡蛋放入其他液体,如白醋中。气球遇橙子皮会爆炸可以尝试类似的柑橘类水果,如柠檬皮。对于火山喷发实验,建议可网上购买实验材料包。在"纸托住水"的实验基础上,建议在纸上戳密密麻麻的小孔,也能托住水。研究杠杆原理之后建议拓展做个小杆秤。叶绿素可以溶解在酒精中,大胆猜想花青素能否溶解在酒精中,制成不同颜色溶液。牛奶加热显色,用富含维 C 的柠檬汁等也可以加热显色。在具体的实验建议中,学生会尝试用多种方法、相似材料去实践和发现,尝试改进实验材料让现象更明显,并能拓展延伸到其他相似原理实验,加以迁移和应用,大胆猜想实践求证。

指出问题:对于学生科学原理中描述错误和不科学的地方予以指出,对不完整的解释加以补充举例,用更通俗易懂、简单明了的表达方式解释原理。在纠正中,学生增长了见识,而且印象深刻。

即时的点评营造了浓厚的展示和研讨氛围,学生的积极性和家长的配合度将逐渐上升,形成在分享中相互学习,相互改进,相互促进的学习氛围。

(六)问卷调查,反馈收获建议

为了更好地了解学生和家长对家庭小实验的态度和观点,教师可以采取调查问卷方式,设置几个代表性的问题,对学生和家长分别作有针对性的调查了解。教师在尝试中收获了以下反馈和建议。

以某校四年级段反馈为例,84.6% 的学生喜欢做家庭小实验,15.4% 的学生一般喜欢,没有学生不喜欢家庭小实验。100% 的家长支持孩子做家庭小实验,没有家长反对。从这一数据中可以发现,大多数的学生非常喜欢动手实验,所有的家长支持家庭小实验,因此开展家庭小实验是一项受学生和家长喜欢的任务,开展家庭实验有其必要性。

统计数据显示,71.8% 的学生是和家长一起做实验的,28.2% 的学生是自己独立完成的,没有家长代替实验的现象。87.2% 的家长在家庭实验中扮演引导者的角色,12.8% 的家长扮演着旁观者的角色。对于家庭实验,更多学生和家长选择一起合作实验,家长更愿意锻炼孩子的独立动手能力和思考能力,在学生遇到困难时提供指导和帮助。其实家庭实验重在学生自己设计、动手、思考、发现和反思,而父母在其中扮演的角色既是老师也是助手,引导孩子思考发现,鼓励孩子勇敢挑战,并保障安全。

对于课余是否还会坚持家庭实验,15.4%的学生选择了会经常做家庭实验,79.5%会较少做,5.1%不会做。30.8%的家长会经常和孩子一起做,66.7%会较少做,2.5%不会做。可见,即使学生和家长对家庭实验抱有很高的热情和支持态度,在之后的学习中,多数的学生和家长也会由于各种原因放弃坚持。因此了解学生和家长不能坚持家庭实验的原因,具有很强的必要性。

对学生实验灵感来源的调查发现,28.2%来源于生活经验,20.5%通过阅读相关科学实验书籍,33.3%参考电视或网上的实验,18%通过其他方式获得。可以发现,学生选择科学实验内容的渠道各种各样,很多在选择时是迷惘的,因此会参考网上的实验。为此教师有必要给学生推荐一些实用的实验类书籍或节目视频,如"加油向未来"等,整理适合各年龄阶段的实验目录单。

问卷调查中也收到了来自学生和家长的反馈。学生在开展家庭实验中遇到了一些困难。在材料上,需要花精力和财力去准备实验材料,有些实验材料很难找,不容易获取,或者材料选择不合适。在实验结果上,多次实验不成功,结果不理想,有误差。实验过程中,没有掌握实验方法,实验用品的使用方式不对,如力气小、怕爆炸、不会划火柴等。成果展示上,个别学生觉得小论文的撰写有困难。学生在实验中遇到的各种困难会影响其实验的完成及兴趣,因此家长和老师非常有必要去了解学生的困难,并给予帮助和指导。

通过家庭实验,学生和家长都收获满满。许多学生通过家庭实验明白了现象背后的科学原理,学到了课本以外的知识,发现生活中处处有科学,科学世界里有许多奥秘。这些奥秘要通过多尝试、细观察、擅发现、勇探索、勤思考、多动手操作去发现验证。在情感态度价值观上,收获了乐趣、勇敢、经验、坚持和成就。经历像科学家一样探究的探索过程,在失败中学会反思和改进,将所学知识进行拓展,联系生活,应用于生活,解决生活问题。家长在和孩子的互动中,相互学习,一起解决问题,分享成功喜悦,增进了与孩子的交流和默契，拉近与孩子的距离，融入孩子的世界，亲子关系更为融洽。了解孩子对科学的喜爱，看到了孩子的动手能力，知道科学学习需要鼓励孩子多动手实践。家长从中也收获了许多的科学常识。

家长对于家庭实验的开展也提出了不少宝贵的建议。很多家长希望家庭实验能持续下去，达到常态化。在校多让学生做科学小实验；周末布置动手实验的家庭作业，让孩子在家自主开展；定期举行科学实验小竞赛，鼓励孩子积极参与，培养孩子科学兴趣。实验内容选择上，建议多开展课堂教学与实践相结合、贴近生活、易操作、安全性好的小实验。老师能提供学生本阶段该做哪些科学实验的目录，家长们收集相关材料，让孩子们接触到更多的科学知识。许多家长由于自身知识有限，动手能力不强，希望得到教师的帮助，希望教师多作方法指导，对孩子提前教授实验的安全知识和注意事项，让孩子安全快乐地实验，还希望能够提供简单的实验材料。在开展方式上建议多样化，和爱做小实验的小伙伴一起合作做实验，一起探讨、完成、分享实验中的乐趣。

（七）整理素材，延续探究热情

1. 汇编成果营造科学氛围

以402班46名学生为例，共计上交科学小论文43篇，2个小视频。最受欢迎的实验是"吸水的蜡烛""纸托水杯""神奇的筷子"，这几个实验材料易得，原理简单，容易操作。实验涵盖物理、化学、生物几大方面，以大气压原理的应用实验最多，如"不下落的乒乓球""水往高处流""覆杯实验"等。除了课外拓展实验外，还有的实验是学生在以后的课堂上要学的内容，如"神奇的纸桥""将纸折成瓦楞纸形状""杠杆的原理""螺旋桨小车""小苏打和白醋反应"等实验。小论文形式多样，以电子文档为主，还有图文声并茂的美篇、直观讲解演示的视频和PPT等。

对上交的科学小论文进行等级统计，对小论文撰写精美、实验挑战性强、完成效率高等几方面突出的学生进行表扬和鼓励,这对于其他学生而言,既是学习,也是激励。教师将收集的所有科学小论文汇编成册,取名"未来的科学家",放置班级中相互传阅,学习交流,营造"爱科学,学科学"的科学学习氛围。

2. 课堂展示助力科学兴趣

为了加强家庭实验的有效性和延续性,教师把家庭小实验延伸到课堂中,促进相互展示、交流和学习。利用课堂前5分钟展示科学小实验,展示的学生有成功的体验,观看的学生有学习的收获。

课堂展示环节采取学生自愿报名原则,可以展示寒假家庭小实验,也可以展示拓展小实验。根据报名先后顺序安排名单,材料由学生自行准备,由一名课代表负责报名和通知提醒工作。展示环节分为介绍、演示和问答。实验员首先介绍实验名称和材料准备,接着演示操作步骤并提醒注意事项,最后的问答环节采取生生对话方式,教师作简单干预,探讨实验的现象及背后的科学道理。

学生的观看热情高涨,在好奇心的驱使下,个个踊跃发言,为神奇的实验现象而惊叹,对科学原理的揭示恍然大悟,对实验的操作有了很好的模仿学习甚至创新。实验员在主角的光环下,激发了更为浓厚的兴趣,增强了自信心。在第一位实验员成功展示后,又陆续有好几位同学报名进行展示,受到了学生的欢迎。

3. 创新作业提升科学素养

学生科学学习的每个阶段都会有其对应的拓展实验,每个年龄段也有合适的拓展实验。在周末,可以根据每个阶段的教学任务,布置对应的拓展实验,根据这个年龄段学生的身心特点,推荐适合学生的拓展实验。如四年级下册教学中,第一单元电的拓展实验,可以推荐学生做红绿灯、小台灯、人体验电球体验、水果电池等实验。适合小学生的拓展实验如"覆杯实验""筷子提米杯""笔戳水袋""盐水悬蛋""白醋与鸡蛋"等操作简单、现象明显的实验。

在较长的假期时间里，还可以安排学生以项目式学习为蓝本，完成一系列源于生活融于生活的拓展实验。

　　家庭实验要学生在家长的引导下，自主设计完成实验，充分发挥学生的主体作用。学生和家长在家庭实验中合作分享，收获知识、能力和情感。教师课堂的实验教学和课后多样性实验任务的布置对于家庭实验的持续开展具有积极的促进作用。在家庭实验实施的经验基础上，通过调查了解存在的问题和改进的建议，推出对深化课堂、创新作业切实有效的举措，帮助学生和家长共同解决问题，推进家庭实验的继续展开，让更多的学生喜欢科学实验，让更多的家长支持家庭实验！

二

探究实验室建设的问题与对策

探究实验室是指能够充分支持学生进行多方面探究性学习的环境。探究实验室与传统的实验室有着本质上的不同。在传统的实验室里,学生的实验主要是按照现成的实验步骤来体验前人已经完成的实验过程和结果,提供的是一种演示和验证的实验环境。探究实验室则是提供各种各样的探究设备和工具,创设一个面对真实事物进行探究的环境。探究性实验由学生自己设计实验步骤,自己进行实验并得出结论。探究实验室所进行的实验活动更能体现学生主体性,增加学生的参与度,这既有利于学生基本知识技能的形成,又有利于培养学生的科学方法和精神。

(一)建设科学探究实验室的背景

建设小学科学探究性实验室是现代教育发展的必由之路。随着建设创新社会和创新国家的理念不断深入人心,根据教育改革必须服务于经济建设的目标,现代教育的手段也应不断创新。为了给教师搭建一个创新教学平台,让学生拥有一片研究天地,建设小学科学探究实验室是非常有必要的,特别是中心小学、窗口学校、示范学校更应建立。

1. 建设小学科学探究实验室的要因

建设小学科学探究实验室是为了适应我国全面实施新课程标准的要求，新课改的教材中充实了大量的探究实验的内容。根据统计，九年义务教育科学教材中新增了一百多个探究实验及相应的探究仪器。这些实验只能在科学探究实验室中去完成。

小学科学探究实验室是以学生的发展为主体，以综合、探究、创新、学会为理念设计的，符合学校培养学生自主学习、合作学习、探究学习的新的学习方式的精神。

小学科学探究实验室有利于培养学生的创新精神和实践能力，培养学生分析能力和解决问题的能力，形成创造品格，增长创造才干。

新课程、新理念的不断洗礼，现代化多媒体设施的普及及家长对家庭教育的重视，使学生间接经验的获得能力达到了前所未有的高度，目前学生的知识积累速度和数量都是十分惊人的。但是与之形成鲜明对比的是学生直接经验的极度匮乏，大量的文字、图片，甚至影像资料其实并不足以取代学生对生活、周围环境、科学知识的直接经验的获得。因此，教学中我们常看到这样的场景：针对某一知识点，学生在课堂上口若悬河，滔滔不绝；真到了实践中却往往指鹿为马，张冠李戴。探究实验室的存在使学生获取更多直接经验成为可能，实验室内丰富的器材资源是学生实现科学探究DIY的优质素材。

统计显示，科学课中，学生最期待、最感兴趣的就是实验操作。学生的年龄注定了其"好动"的心理特征，他们渴望在做中学、在玩中学。然而，在现实教学中，受场地、器材等教学资源的限制，学校对科学等课程的资源配置，大部分还只局限在传统的实验室、配套的工具箱以及简单的学生学具，大部分学校尚不能提供足够宽阔的平台来满足学生更高的动手实践的要求。小学探究实验室给学生提供了一个可看、可动、可玩的，活跃创造性思维，变想象为现实，变不可能为可能的求知、求真、求实，发现自身价值的场所。

科学课堂教学在关注全体学生的稳步提高的同时,不可避免地削弱了对尖子和特长学生的关注,无形中束缚了他们向前的步伐。通常,这部分学生并不缺乏学习的兴趣和精力,而且十分希望有新的学习目标和内容,缺少的恰恰是一个能用来提高和展示他们能力的课外平台,这往往成为束缚特长学生个性发展的瓶颈。小学科学探究实验室采取教学互动的模式,教师除了能做演示实验外,还可以引导学生动手去做自己有疑问或感兴趣的实验,还可以在课外组织学生参加创新实践活动,发展学生的个性与特长,同时更是鼓励特长学生配合教师做与教学相关的课题研究。

2. 建设小学科学探究实验室的意义

(1)实施"科教兴国"战略的需要

21世纪,各国间综合实力的竞争,归根到底是科学技术水平的竞争。为此,世界各国都更重视和加强对公民科学素养的培植。同样,我国现代化建设也面临着更为伟大、更为艰巨的任务,迫切需要基础教育加快改革步伐,努力培养具有创新精神和实践能力的一代新人。中央提出的"科教兴国"战略富有远见卓识。要实现这一目标,学校教育负有不可推卸的责任。中共中央、国务院《关于加强科学技术普及工作的若干意见》明确提出:"要努力发挥教育在科普工作中的主渠道作用,结合中小学教育改革,多形式、多渠道地为青少年提供科普活动阵地,培养他们的思维能力、动手能力和创造能力,帮助他们树立正确的科学观、人生观和世界观。"因此,无论从当今社会的需要看,还是面对未来的竞争挑战,学校必须更新教育观念,充分认识提高学生科学素养在基础教育中的地位和作用。

(2)全面推进素质教育的需要

由于长期受应试教育的影响,知识本位、教材本位的教育意识在教师教学理念中起着支配作用,而超越课堂之外的探究活动则受到了一定的限制。因此,与发达国家相比,我国学生普遍存在着科学素养较差,技术能力、创造能力和实践动手能力较弱的弊端。全面推行素质教育是基础教育的重要任务，提高学生科学素养是基础教育改革的重大目标。通过探究实验室开展探究活动的形式，将科技教育、人文教育有机结合，把科学知识、科学方法、科学精神、科学能力等综合素质的提高作为培养目标，这不仅对于充分发掘学生聪明才智，培养实践创新能力，发展个性特长有明显效果，而且对于全面提高学生素质，推进学校素质教育有着积极的作用。

（3）新课程改革的需要

新课程十分关注学生的创新精神和实践能力的培养。探究实验室能激发学生的创新意识和操作能力，引导并促进学生建立新的学习方式——主动参与·乐于探究·交流合作。

小学科学实施课改以来，不仅提高了学生的知识量，而且提高了学生的技能与开发的创造意识，但原有的实验室不能满足学生个体的选择和创造。创建小学科学探究实验室可满足小学生对世界事物的好奇心，给出实验的菜单有趣味性，实验的过程有娱乐性，实验的结果有科学性和实用性，让学生从实践、实验中去探索，去求知、求真，去发现自身的潜能与价值。

（二）科学探究实验室取得的成效

综合目前已经建有探究实验室的学校情况来分析，探究实验室不仅能为科学课的课堂学习提供广阔的平台，在实践建设过程中还欣喜地看到，各校围绕探究实验室来建设学校的科学实践基地，形成了校内的科学实践的硬件网络，同步带动了整个学校科学文化氛围的形成。

建立探究实验室就是让学生亲身去体验、去实践，在实践中去掌握知识。探究实验室的建立，开启了学生探究科学奥秘的大门。情境的创设使学生身临实验实践情境，科学素养在无形中孕育，知识的内涵也不断地提升。具体表现为：

1. 激发了学生的学习兴趣

著名教育家陶行知先生说"兴趣是最好的导师"。科学探究实验室能很好地激发学生对科学学习的兴趣。探究实验室的各种不常见实验器材大大激发了学生们的好奇心,使他们学习的主动性增强了,更愿意思考和探索了。每当教师展示一件仪器时,他们总会提出很多特别有价值的问题,同时这种好的学习势头也扩展到了平时的课堂中,学生们的想法在一个个问题中得到了碰撞,在碰撞中激起了火花。他们变得喜欢观察,喜欢发现,喜欢猜测,喜欢思考,喜欢去解答别人提出来的问题。在一次次的学习过程中,学生的科学素养一点点提升了。

2. 丰富了学生的情感体验

创新实验活动的开展可以变废为宝,以尽可能少的器材,达到最优效果,无形中培养了学生的绿色环保意识,勤俭节约的习惯。在实验研究的过程中,学生体会到了成功的喜悦,也尝试到了失败的痛苦,他们能更加坚定地去发现、总结问题。

3. 培养了学生的创新素质

创新是一个民族进步的灵魂,没有创新就没有发展。针对实验存在着可变性,我们教师要充分根据其内在规律,对学生进行创新思维培养。

(1)开放设计,创新器材

设计只代表一个过程,教师把主动权交给学生,学生就会充分发挥自己的才智,以各种手段来达到目的。由此就会带来设计思路的新颖性和多样性,器材也会因为设计不同而显得多样化,多元化的设计理念就会得到体现。

(2)开放教学,创新过程

课堂教学是一个互动的过程,教师的地位不再一成不变,在学习过程中,学生学习的目标是自己提出的,由他们掌控过程,教师是优化课堂的舵手,帮助学生突破课程重难点,这也是现代课堂教学中教师的职责。例如:"怎样防止金属生锈"中,学生提到"有了锈,该如何除",这就是很好的契机。在教学中教师打破常规秩序,让学生来做除锈的实验,借机转问"怎样避免铁继续生锈?"进而得出防锈的方法。这样一来整个教学过程就被优化,重难点不攻自破了。

（3）开放管理,创新理念

创新实验活动并不局限于课堂中,同时应延伸到课外。因此,我们将实验室向学生开放,给学生提供场地,让他们自己设计实验,自行研究课外科学知识。只有打破一贯传统的封闭管理,学生对学科的观念才可能转变,科学素养就会在各种条件的支持下积淀得更加厚实。

4. 学科教学有机结合

探究实验室不仅服务于科学教育,还可以和其他学科教学有机结合,为其他学科提供大量的材料支持。如语文的写作课,学生在实验室活动后写出来的文章更生动;还有美术课的手工教学、综合实践课等。

（三）当前科学探究实验室存在的问题

1. 学生状况差异大

科学探究实验室作为小学科学教学的一个平台,在小学科学教材探究实验的充实、拓展中发挥着重要作用。然而目前小学生的科学实验、探究能力差异很大。有些学生连现行科学课程标准的要求也没达到,缺乏科学的前概念和动手能力去进行难度较大的探究。

2. 教师配备不足

目前各校一般都配备有科学专职教师,但是专职教师的配备仍远远不足,兼职科学教师还是大量存在。部分科学专职（兼职）教师的专业能力欠缺。师资问题直接影响了学生的学业状况。

3. 观念需要转变

小学科学教育肩负着科学启蒙的职责，可以培养学生的思维能力、动手能力和创造能力，帮助他们树立正确的科学观、人生观和世界观。然而在小学阶段有多少教师、多少家长会问及孩子们的科学学得怎么样？他们更多的只是关心语文、数学、英语等学科，对科学关心不足。

4. 探究实验室的管理问题

科学教师承担探究实验室的建立与管理任务，同时兼任实验仪器员、科技类竞赛辅导员。过大的工作量造成探究实验室开放、管理难以到位。当探究实验室成为一种摆设，缺少足够的学生进入，难以为提高科学教学质量起到作用的时候，实验室存在意义将大打折扣。

5. 硬件建设需要完善

建立结构性完整的探究实验室，开发实验器材，设计探究活动，既要符合学生好动、好问、好学的心理和生理特点，同时要兼顾教材对学生科学及人文素养培养的目标，这对一线教师而言的确是比较棘手的问题。

尤其是硬件的进一步升级和更新存在很大困难：一方面，随着科学教材的不断修订和更新，以及新课程理念的不断充实和发展，探究实验室的仪器也应该随之加以补充和升级；另一方面，学校有限的资金并不足以保证硬件设备能跟上新课程改革的步伐，容易产生滞后性。因此，探究实验室如何与时俱进，与教材同步发展，与新课程共成长，是一个大问题。

显然，在从传统教育向现代教育、从应试教育向素质教育转变的转型期，探究实验室建立后的良性发展环境还有待研究，对它的认识、定位及管理，教育主管部门、基层学校乃至一线教师还应开展深入、系统的研究。

（四）科学探究实验室建设的对策研究

1. 发挥教育主管部门导向作用

科学教育被发达国家，如美、日、法等国家作为课程改革的重点，他们都将科学作为教育的核心课程，甚至是课程之首。在我们的初中、高中，科学同语文、数学、英语学科一样重要，甚至（分值）还高于其他学科。

我们不难发现确立小学科学核心课程的必要性以及教育主管部门的导向所发挥的重要作用。应从以下四个方面建立正确导向：学校将科学列入和语文、数学一样的同等地位；密切关注小学各年级的学生科学学业状况；引导学校对科学教师配备的重视，合理安排师资力量；引导教师、家长、学生对科学的重视，正确理解素质教育的内涵。

2. 落实科学教师的权利与职责

合理安排科学教师的工作量，将实验仪器管理、科技辅导、探究实验室管理计入课时量。同时制订实验仪器管理，探究实验室开放、管理等制度，明确科学教师职责。建立学生探究活动的评估制度。

3. 加强师资建设

加强师资队伍的建设，培养一批高素质的师资队伍是探究实验室建设和发展的保证。学校遴选具有良好师德、专业素养高和一定特长的教师担任探究实验室的指导教师。同时，区域内各探究实验室应加强联系交流，相互取长补短，共同进步。

4. 精心设计学生探究活动内容

学生探究活动的设计应面向学生，精心设计活动内容。尽可能贴近自然、贴近学生实际，有丰富的教育性和实践性，培养学生动手能力和创新能力。探究活动设计要走向科学化、规范化、系统化轨道，突出实践性。

5. 依托科研指导，理论与实践相结合

小学科学探究实验室的建设，要依托教育科研，积极开展教育科研，认真研究和探索探究实验室建设和发展的规律，从实际出发，按规律办事。只有以科学的态度、科研的方式总结已有的经验，反思过程中的不足，在此基础上逐步探求科学探究实验室发展的新思路，挖掘潜力，扬长避短，调动各方面的积极性，才能建设优秀探究实验室，培育优秀科学课堂。

我们欣喜地看到小学科学探究实验室的建设已经冲出了起跑线，纵然前方有风雨，有崎岖不平的道路，但是我们相信，只要我们以新课程理念为导向，把课程资源建设与课程改革、校本化实施、教师专业成长和提高教学质量紧密联系进来，我们必能抓住探究实验室的建设这一契机，促进小学科学教学更上一层楼。

以学科基地铸学科品牌

学科基地建设能够以基地带动课堂教学,以基地带动整个教研组成长,以基地带动一个学科的发展,以基地带动学校特色发展,最终实现学生科学素养的发展。

浙江省宁波市北仑区蔚斗小学科学组是一个朝气蓬勃、勤奋务实、勇于创新的团队,是北仑区首批"品牌学科",全校23个班级的科学课均由专职教师担任。教研组共有专职教师4名,其中宁波市教改之星1名,北仑区骨干教师1名,区教坛新秀3名。近年来,教研组致力于科学实践基地建设,发展学生能力,提高教师素养,铸造品牌学科。

(一)因地制宜,打造实践基地

在教材中,"生命世界"领域的知识点比较简单,更像是对学生已有的知识进行梳理,学生缺少步步深入的探究。我们发现,在平时教学中,教师比较轻视这个领域的教学,许多本该深入研究的活动往往走过场了事,"无米之炊"成了老师之难、学生之憾。

学校校舍建成已有十余年,布局已定,几乎没有拓展的空间,针对学校人多地少的现状,根据学校"适性发展"的育人理念,我们坚持"普及不精致、实用不摆设、参与不围观、开放不封闭"的原则,采用"改一点、挤一点、补一点、添一点、拓一点"的策略,营建多元化的"点"基地。

1. 改一点 —— 实验室

学校投入 70 多万元分别以宇宙、海洋和森林为主题建设科学实验室,增加科学味,让学生如同置身于大自然之中,探究的欲望油然而生。把原先尘封的创新实验室的仪器设备拿出来,并对实验室实行"敞开式"管理,学生在课余随时都可以去摆弄一番。在每个实验室的一侧靠墙做了一排双层置物架,用来放置学生种植和养殖的生物,既利于观察,又便于照料。

2. 挤一点 —— 小农场

利用校园绿地的边缘地带,扎上篱笆围起了两个总面积达六十余平方米的微型农场,在微型农场里,按照不同的季节,种植了数十种常见的植物,确保四季常绿。还开辟了油菜花、凤仙花、桑树和酢浆草四块专属科学教学的种植基地。在基地里,孩子们可以亲手播种、浇水、除草,观察植物成长直到收获,经历植物生命周期的全过程。

3. 补一点 —— 生态果园

学校教学楼后面有一块 600 平方米左右的空地,零星种了几棵果树。学校投入 50 多万元对果园进行了升级,请园林设计公司进行了科学规划,修建了景观长廊、小憩凉亭,新增了石榴、无花果、葡萄、樱桃、柚子、冬枣等十几种果树品种,致力于把小果园打造成集学习、休闲、观赏为一体的学校后花园。

4. 添一点 —— 生态水缸

把原先的露天航模训练池改建成了生态水池,模拟池塘生态系统,安放了小水车,放入淤泥,种上了荷花,水面漂浮着水草,水中畅游着鱼儿,生机勃勃;在学校大厅门口放了一排青花瓷缸,种上了莲藕、茭白、水稻、浮萍等,模拟水田生态系统;还买来十余口大水缸,让学生自主放入不同数量和种类的植物与动物,形成了一个个放大版的"生态瓶",使学生能亲身体验维持生态平衡的重要性。

5. 拓一点 —— 毕业林

把学校对面的鹰山脚下的一片空地规划成为"毕业林",每一届毕业生都在这里以班级为单位种下一棵银杏树留作纪念。十年树木,百年树人,不管同学们将来走向哪里,但大家的根都永远扎在蔚斗小学,都永远记得母校的哺育恩情。

(二)依地施教,丰富教学途径

1. 依托基地,拓展学习资源

学校致力于把实践基地建设成为学生科学学习的"活图书馆",丰富科学课的学习资源,这样,科学课本上出现的枯燥的文字、苍白的图片,在基地里都将以一个个鲜活的生命来呈现。如在学习《金鱼》一课时,学生观察自由畅游在生态小水池的金鱼,对金鱼的观察更加全面。教学《油菜花开了》一课,摘一朵小农场中的油菜花,既解了学生带不齐油菜花的困局,还可以让学生了解更多关于油菜花的信息,如一株油菜开几朵花,油菜花是怎样结出果实的。

实践基地也丰富了各学科的学习资源,语文老师教学《棉花姑娘》一课时,可以带着学生去观察棉花吐絮;教学《落花生》一课时,挖一株花生带到课堂,让学生理解落花生的真正含义。数学老师可以带着孩子去基地丈量土地,美术老师可以让学生选择自己喜欢的花朵来写生。

学校网站创建了"每周一花"栏目,每星期用图文并茂的方式介绍校园里的一种花草,多种校园植物在校园网站亮相。

实践基地还能使原先草草收场的探究活动得以充实。如三年级的种植凤仙花活动,安排每个学生种一盆凤仙花,到了六月底学期结束时,凤仙花才刚刚开花,教材安排的《我们的大丰收》一课只能是一厢情愿了。现在,我们在小农场开辟了一块凤仙花育种基地,既方便学生观察凤仙花的生长变化,还可以让那些种植凤仙花不成功的学生重新种植。到了9月份,原先的三年级学生已经升入四年级了,这时让学生们去体会收获的喜悦,远比空洞的说教有意义。

2. 依托基地,丰富活动形式

实践基地给学生提供了多种参与其中的机会,学生随时可以在完全开放的基地以最近的距离感受生物生长的细微变化。

绿色养护社团,亲历种植和养殖活动,体验生命的神奇;生物研究社团对不同生物的生长习性,以及生物对环境的不同需求有一个亲身的经历,最后把自己的研究发现写成研究报告。上科学课时,学生可以到基地观察各种各样的花、研究水生植物、探究金鱼的呼吸……

在学校大队部的组织下,各种科普活动精彩纷呈。如在"外来生物入侵"专题展览的引领下,同学们齐心协力地铲除了校园中肆虐一时的一枝黄花;学生参与"我给校园植物设计名片"活动,展示自己的美术功底与艺术天赋;参加"校园植物大搜索"比赛,展示自己丰富的知识储备。

3. 依托基地,搭建展示平台

有了实践基地,学生也有了更多的收获。学校搭建了多种展示平台,让不同的学生都能找到属于自己的舞台,只要有一技之长的都可以展示给大家:摄影社团展示他们拍摄的校园植物四季的变化;艺术社团展览他们制作的树叶贴画、叶脉书签;在"我给校园植物设计名片"活动中,让学生给自己喜爱的植物设计名片,最后把塑封好的植物名片挂到相应植物上;在"校园植物大搜索"活动中,学生通过比赛的方式来认识校园植物,这样既可以巩固科学课堂学到的知识,也让对植物感兴趣的学生有了用武之地;生物研究社团把他们自己培育的花卉,在学校举行了一次花展,听着同学们啧啧的赞叹声,这些在班级里默默无闻的学生成就感、自豪感油然而生。

(三)立足基地,深化教学研究

1. 扎根基地的课题研究

实践基地开始建设时,教研组就确立了基于生命世界的校园生态群落构建的课题研究思路。2012年初,基地全部建成后,学校申报的《依托校园生态群落探索生命科学教育的研究》成为2012年浙江省教学研究重点规划课题。在课题的引领下,老师把课堂作为课题研究的主阵地,不断创新学生"生命世界"专题学习方式,不断修正教的方式,很多课例得到肯定和推广。老师们工作的条理性、系统性在研究中逐步增强,开始注重资料的收集和积累了,教育科研水平也有了较大幅度的提升,多篇论文、案例或在省市评比中获奖,或在国家级刊物发表。

2. 基于基地的校本课程开发

生物研究社团制定了《"生物馆"校本课程实施纲要》,学生们在刘燕老师的指导下,加深和巩固在课堂上所学到的科学知识,并应用所学知识去解决日常生活和学习中的一些基本而又简单的科学问题。

进行多学科整合,与综合实践课的老师一起策划了"开心农场开心你我他"综合实践活动,获得宁波市第三届义务段综合实践活动课程开发与实施优秀成果一等奖。摄影社团和生物研究社团在老师的指导下,共同努力,制作完成了《蔚斗小学校园植物图鉴》《果园的果树大全》《常见盆栽植物索引》等课程资源。

在"让每一个孩子适性发展"的办学理念指引下,在教研组老师的共同努力下,实践基地在2013年获得了"宁波市小学科学优秀实践基地"称号,蔚斗小学科学组的品牌效应在学生、老师和家长心中逐渐扎根发芽。

四

以品质教研促精品课堂

品质教研造就品质教育，优秀教研团队的成功经验是可以复制和借鉴的宝贵资源，是科学课堂教学的有效保障。

立足课堂教学主阵地，打造精品课堂一直是宁波东海实验学校小学科学组全体教师共同追求的目标。我们积极发挥师资优势，借助完善的配套设施，通过常规管理、常态教学、日常研究，造就课堂教学精品化，不断提高教师的专业素养和学生的科学素养，引领教师、学生共同发展。2011年，王忠军老师获全国优质课评比一等奖，2013年，傅孝杰老师被评为浙江省教坛新秀。目前教研组有市兼职教研员1名，市学科骨干1名，区学科骨干2名，教研组被评为北仑区品牌学科。

（一）落实常规管理

每个教师的"可持续发展"应该是以教研组为基点的自我调整和动态生成的过程。由于我们教研组人员相对较少，教学内容较多，为了最大限度地优化教学资源，必须落实常规化的教学管理。

1. 实验教学体现"细"

实验场所设置"细"。作为九年一贯制学校，我们配有八个标准化实验室，四个准备室。其中小学四个实验室以宇宙、物质世界、生命世界以及创新实验为主题，为学生营造学习科学的氛围，使我们的科技实验楼成为学生学习科学的乐园。

实验资源配备"细"。走进我们的实验准备室，一排排整齐的橱窗和整理箱里，按不同年级、单元，对实验器材进行精细化分类。一个完整的实验能在五到十分钟内准备齐全，减轻了一线老师的教学负担。

实验准备过程"细"。我们的实验准备过程分为实验通知上传、实验器材准备、教师课前检验及课后整理几个环节，要求每位教师周五前在实验管理平台上传实验通知，实验员提前一天做好准备，老师课前检验，一环扣一环，保证实验教学的顺利开展。

2. 师生评价体现"全"

评价包括学生的学业评价和教师评价。我们制订的教师评价条例的内容体现了"全"，对于各项教学、教研工作，有一系列的监督机制，如一周一反思、一月一案例、半学期一检查、一学期一张卷，以及期终的学科质量监测等，从各个方面保障教研组工作的开展。

对学生评价的内容同样也体现了"全"。学生学业评价以雏鹰争章的方式进行，平时上课争"修养章"，科学探究争"创新章"，期末检测争"博学章"，从科学学习的各个方面对学生进行评价。

3. 教研活动体现"实"

教研工作是提高教师教育理论水平和教学能力、提升课堂教学有效性的有效途径和不竭动力。几年来，我们从主题教研、教学沙龙等方面把教研活动落到实处。

主题教研有实用。例如，在主题教研活动"运用交互式电子白板，提升科学课堂品质"中,我们把活动分为三个阶段:首先是教研组沙龙,活动内容涉及《电子白板在小学科学教学中的应用》《电子白板适用哪些类型的课》等,让老师们对电子白板有一个认识;接着邀请校内使用电子白板比较好的老师对教研组内的老师进行入门培训,通过培训和自学的方式,让教师掌握电子白板的简单使用方法;两个月后,用课堂教学展示的方法,对这次教研活动进行检验和总结。这样的活动,让组内老师认识到电子白板辅助教学的优势,使科学课教学更有活力和实效。

教研沙龙有实效。我们的沙龙往往从老师的需求出发,聚焦课堂。例如,为了配合科技节的活动,举办了一期关于植物的教学沙龙。首先给每位教师布置任务:认识校园内的植物。教师通过查阅资料、互相学习等方式对校园内的植物有了一个认识。然后利用区学科培训的机会,寻找植物达人,扩展到认识周围的植物,如考察瑞岩寺周边植物等活动,让每位教师获益匪浅。

(二)评诊常态教学

课堂是教学的主阵地,只有关注常态教学,才能促成课堂教学精品化。三年来,我们教研组充分利用人少精干的优势,反复评诊各个组员的常态教学,坚持不懈地抓常态课教学质量,帮助教师提高科学教学的专业水平。

1.随堂听课,提高教学质量

我们要求每位教师必须认真准备每一堂课,尽可能让常态课成为一种展示课,使常态课的质量得到了保证。我们虽然只有4位专职科学教师,但每位教师都能敞开大门欢迎其他教师来听课,这不仅是一种胸怀,更是一种自信。

2.录像视频,矫正教学弊疵

"不识庐山真面目,只缘身在此山中。"教师往往很难发现自己在常态教学中出现的各种无效言语和不雅的肢体动作,也很难发现自己比较典型的教学思维定式。为此,教研组在每个学年都会借助现代多媒体教学技术,帮助教师录下常态课教学视频,开展教师自我反思活动,帮助教师革除教学细节上的各种瑕疵。

3. 走班教学,加快教师成长

傅孝杰老师是一位青年教师,个人专业素养比较好,为了促进他快速成长,教研组集中力量,每个学期都安排他走班教学,即先集体帮他备好课,然后让他在平行班内上课,第一节课上完后通过自我反思、同伴互助,修改好教学预设,再在第二个班级上课,然后再反思修改,在第三、第四个班级上课,直到他对该教学内容完全内化为止。通过这种手把手的指导,加之个人努力,傅孝杰老师已成长为浙江省教坛新秀。

4. 教学展示,展现精品课堂

"扬帆起航"展个人风采。通过不同学科、不同学部的衔接,同课异构、课堂观察等形式,共同观摩切磋教学技艺,互相评议各人的课堂教学优势与不足,力求共同进步。几年来,我们选择了《哪种材料硬》《点亮我们的小灯泡》《我们的小缆车》等典型的科学课进行了常态课教学展示,让简约、高效的理念深植每位教师的心中,形成自己的教学特色。

承办活动,检验师生科学素养和专业水平。我校先后承办了市教坛新秀评比、区"有效课堂"主题教研活动、省新生代优质课试教会教等一系列教研观摩活动,并在2013年11月承办了浙江省教育学会小学科学分会2013年学术年会,与会代表对我校学生在课堂表现的综合能力和科学素养给予了肯定。

(三)深化日常研究

教研组为教师搭建了研究平台,开展课堂教学模式、教学疑难问题、学生持续发展等研究,搭建起同伴互助和交流研究的平台。

1. 课堂教学模式研究

教学有法，教无定法。多年来，我们一直对各种教学模式进行尝试，不断更新。从最初的"合作 — 探究""探究 — 研讨"，到"提问 — 讨论 — 实验验证""课内外探究相结合"等教学模式的研究，都留下了我们努力的痕迹。近几年，我们一直在努力创设"研读教材，提高课堂实效"的教学模式，要求教师精心研读教材，准确把握教材编写意图，合理安排教学内容，并适当扩展教学内容。在此基础上创设有效问题情境、把握指导时机，激发学生的探究欲望，促进学生有效建构科学概念。

2. 教学疑难问题研究

任何教学，都会存在难以解决的疑难问题，对此，我们采取小课题研究的方式来研究。如教学宇宙单元时，月相、星空的课外观察很难进行，牵涉到时间、安全等因素。因而我们花了两个月左右的时间做了"宇宙单元模拟观察和实地观察相结合"的小课题研究，充分利用模拟星空软件展开教学，并借助家长、社会的资源，组织学生小范围地观察月相、星空。这次研究，为我们上好宇宙单元提供了新的思路和方法，对课内外探究相结合有了新的思考。

3. 学生持续发展研究

一个学生的成长应该是立体的、多方位的，要让学生得到持续的发展，我们必须着眼于未来。我校是一所九年一贯制学校，这就要求小学科学教师要了解中小学科学教学之间的关联，帮助学生顺利过渡。从教材来看，我们抓住小学科学和初中科学概念体系中关联密切的地方，帮助学生建构新的科学概念。从教学方法来看，我们利用多年小学科学教学的优势，把一些枯燥的部分用生动的形式展示出来，让学生学得更轻松。

通过几年的努力，我们教研组已经成为区域内学科建设的基地，不断辐射周边学校。2011~2013年，我们参与了教育部基础教育课程教材发展中心的"中小学探究学习与创新人才培养机制实验研究"课题研究，并取得了不错的成绩。

我们的团队不仅优秀,而且团结。在这种和谐的教研氛围下,我们每位组员将始终不忘创设精品课堂的使命,让我们的学生能幸福地沉浸在愉悦高效、充满智慧的科学课堂之中。

五

打造科学学科团队

作为新课程改革的国家级实验区,浙江省宁波市北仑区小学科学改革已经走过了20年历程。20年来,我们一直在思考:当我们的学生经过六年小学科学学习后,他们的科学素养会有怎样的提升?我们的教师经过几年课改,将有哪些成长和收获?伴随着学生和教师的成长,我们的小学科学学科又有哪些发展?还有哪些需要进一步探索的问题?对这些问题的思索,激励着我们不断研究、不断前进。

经过1年探索和积淀,我区小学科学教师们迅速成长,硕果累累;学生在愉悦的学习中,对大自然充满好奇,探究欲望强;我们的学科犹如架在教师和学生之间的彩虹,折射着成长路上的每一种"色彩"。20年求索路,也是教师、学生、学科共同成长之路。

(一)铸教师成长

二十年前,我区只有二十几位科学专职教师,一位区名师。如今,已有145位专职教师,包括中学高级教师28人,市区名师、学科骨干教师30人,共有20人次获得全国及省市优质课评比一等奖,并被评为省、市教坛新秀。50

余个课题在市级以上评比中获奖,近百篇论文在省级以上刊物发表。这些成绩的取得与多项教研策略的推进密不可分。

1. 组建教研团队

除了常规教研团队建设外,我区还组建了课堂教学研究、基地开发、课题研究、教具开发、校本课程开发等教研团队,每个团队都有固定的成员、完善的计划、充足的活动经费、完善的评价制度。

如在教具研发团队的筹建上,我区出资近百万元成立北仑区教具研发中心,我们召集区域内擅长教具研发的科学教师,以其为核心组建研发团队,并定期进行研讨,将教学中的所思、所想、所惑,转化成教具学具,满足日常的教学需求。教具研发基地由广益厅、集思厅和精工坊及周边布置构成,集研发探讨、交流展示和精工制作于一体,是北仑区教育局为广大教师搭建的一个专业化发展平台。

2. 开展主题教研

我区的主题教研活动始终围绕着教学实践中存在的问题来展开,如我们举行了教材研读主题教研、实验操作主题教研、教具开发主题教研等。

以教材研读主题活动为例。首先,组织全体教师对教材进行三次全面研读,每次将教材研读的任务落实到各协作组,主要从"读、议、思、写"四个环节进行研读。

读——教师对教材进行初读和细读,具体体现在教师的备课本中,学期末进行优秀教学设计评比。在评比的基础上,推选出区级教研活动的展示教师,这样既促进了教师研读教材的积极性,又保障了教研活动的质量。

议——包括交流和讨论两个部分。以教师交流群、协作组教研活动、师徒协作活动和区教研活动等为载体实施。研读者可以和教研组的老师们共议,也可以和教研组长或教研员个议。在"议"中产生思维碰撞,取长补短。

思——包括分析和反思。主要把从研读教材中所获得的信息与原有的认知进行比较,在此基础上修正自己的教学设计。

写——包括写教学随笔和课后反思,总结出成功的案例和小论文。

3. 创新教研方式

内容和形式是相辅相成的,好的内容必须要有好的形式来体现。我们在组织形式方面采取了多元式教研,如对比式教研活动、会诊式教研活动、案例分析与体验相结合的教研活动、"分层、捆绑"教研方式等。

以"分层、捆绑"教研方式为例,由于不同层次教师的基础条件和需求不同,他们参与的教研活动主题也应该不同。因此,我们对全区小学科学教师进行合理划分,教研对象采取分层、捆绑相结合模式,使教师参加教研活动的针对性更强。

"分层"是指按教龄每3年为一层次组合,进行每月一次的主题教研活动。每位教师通过备课、上课、写反思,最后形成一篇该月主题的观点报告。

"捆绑"是指把全区教师按老中青三代组合成5组,每组都有名师、学科骨干及普通教师。他们在组内开展"三代磨一课"活动,展示不同年龄段教师的教学风采,优势互补。课后,深入分析教学中大家亟待解决的共性问题,研讨解决的办法,形成共识。

4. 组织多种培训

我区每年以教学常规落实为基础,以提升教师专业知识水平为重点,根据不同时期、不同对象进行各种方式的培训。如实验操作技能专题培训、蝴蝶标本的采集与制作培训、命题技巧专题培训、校园常见植物鉴别培训等。通过专题培训,奠定教学基础。

我区还根据教师个体特点进行有针对性的培养。对擅长课堂教学的教师,关注他们的课堂,挖掘他们的教学潜能,使他们形成自己的风格;对动手能力较强的教师,通过教学具开发,参加各级创新大赛,使他们既实现了自身的价值,又开发了课程资源,给我们的课堂提供了有结构的实验材料;对科研能力强的教师，鼓励他们以课题促教学……总之，扬长避短，发挥教师优秀的一面，让每位教师都有发展。

5. 丰富教学策略

课堂是教学的主阵地，学生是科学学习的主体。学生的头脑中存在许多初始认识，这些都是学生长期积累的结果，会影响学生建构新知识，所以，教师在课堂教学中要"基于学生原有的基础"实施切实有效的教学策略。

十年来，我们关注课堂教学常规，开发了实验管理软件；关注有效课堂打造，建构了多种课堂教学模式；关注课堂诊断，制订了课堂观察表及主要观察点；关注课外拓展，开发了小学科学实践基地；关注学科发展，促进了国家课程的校本化。

(二)铸学生成长

1. 调研科学素养

我区每两年都要从科学兴趣、科学概念、科学精神、科学方法等方面对小学生进行科学素养调研，通过调查问卷、座谈会、现场实验操作、数据分析等途径，最后形成区域性调研报告。调研的目的主要有三点：首先，从理论和实践结合中探索出一整套有效促进小学生科学素养最优发展的策略；其次，进一步明确本地区小学科学教育存在的具体问题及原因，及时了解本地区小学生科学素养水平和小学科学教育的现状，进一步推进小学科学课堂教学的改革；再次，对学生科学素养状况以及本地区小学科学课程建设等方面的现状、存在问题及其相互关系和影响因素进行初步分析，提出本地区今后小学科学课程的建设与可持续发展的重点。

2. 培养学习兴趣

如果没有兴趣，科学学习就难以进行，而生动活泼、灵活变化的学习情境，容易使学生产生学习的新鲜感，激发学习兴趣。

在课堂教学中，我们团队采用核心问题导学、精彩实验呈现、科学概念提升等行之有效的策略，极大地培养和提高了学生的学习兴趣。比如精彩实验呈现这一策略，我们力图从实验仪器的选择、材料的选用甚至老师们自制教具等方面，呈现实验最精彩的瞬间和现象。

同时，我们通过开发学校科学实践基地来提高学生的学习兴趣。以"生命世界"的教学为例，教科版科学教材共32个单元，其中10个单元与生命世界有关。对学生而言，生命世界是他们孩提时代就怀有浓厚兴趣的神奇世界，一草一木，虫鱼鸟兽，伴随着他们的童年生活。而科学课就是要使他们对生命世界的兴趣进一步延伸，从对花草树木的认识发展到对植物界乃至整个生命世界的兴趣。我区学校根据实际情况，积极开发生物教学实践基地，让学生的科学学习活动更开放、更丰富、更深入。"生命世界"的内容在这些基地里不再是教材中枯燥的文字、单一的图片，而是一个个鲜活的生命，学生的学习热情油然而生。

3. 倡导科学精神

科学精神是科学素养的核心，科学课程改革就强调质疑、求证，而探究活动多数以小组合作的形式开展。我们把敢于质疑、执着探索、求实求真、团结合作确定为学生科学精神的四个基点，力图从这四点对学生进行培养。从调查中我们发现，学生们大都敢于质疑，基本能做到求真求实、团结合作。但是在执着探索方面，学生表现得相对较弱，特别是做长周期实验，如种植凤仙花、月相的观察时，长时间的等待让学生失去了耐心和兴趣，不利于他们科学精神的培养。针对这一问题，我们尝试以课堂和社团相结合的形式来激发学生的兴趣，培养科学精神。

如蔚斗小学将课堂实验观察与精品生物社团相结合，将学生的实验延伸到社团课程，鼓励学生将长周期实验纳入社团活动，利用每天的社团时间进行观察记录，并开展各种交流会来延续学生的观察兴趣，例如，养蚕时定期开展交流会,并把蚕生长的各个阶段用照片的形式呈现出来进行校内影展,这些举措有效地培育了学生的科学精神。

4. 搭建展示平台

学生的科学探究需要以各种活动为载体,他们在探究活动中获得了成功,希望得到认可,因此,我们必须给学生提供实践、展示的平台。我们在校园内开辟了科学作品展示角、举办学校科技月活动、组建学生家庭小作坊、组织学生参加各级各类科技比赛、暑假网络科普竞赛等活动。

(1)举办学校科技月活动

我区每个学校每年都有科技月活动,而且内容丰富多彩。"筷子提米""竹篮打水""往上滚的小球"……一系列活动让学生在活动的同时,也丰富了自己的科学知识。小港实验学校在科技月活动中,开展了"科普小状元"选拔。活动以"招贤纳士"为主题,以考查学生对科学学习过程中的课内外知识储备为主要内容(模仿古代的乡试、会试、殿试),通过海选、笔试及现场直播等形式选拔学校科普知识最丰富的三名学生,授予"科普小状元""科普小榜眼""科普小探花"称号。

(2)组建学生家庭小作坊

我区教师鼓励学生在家里开辟一个属于自己的"家庭小作坊",只需要一个角落,摆上自己的一些小工具、简单的器皿,就可以成为一个专属于自己的小型实验室。我们鼓励学生注意收集和积累,把平时废旧的瓶瓶罐罐、包装容器等,进行整理、归类,使之成为实验室的一个组成部分。同时,学校、老师积极和家长沟通,鼓励家长为孩子们添置实验工具和材料。一位老师在执教《运动和力》单元时,让学生自行设计一辆能够行驶的小车,学生们跃跃欲试,把他们平时收集的橡皮筋飞机、水火箭模型、大大小小的气球一股脑地搬了出来,安装在小车模型上,甚至有学生想到了用动物来拉小车。学生的创新意识和动手能力在拓展活动中得以充分展现。

(三)铸学科成长

1. 优化科学探究活动

科学探究是科学课教学永恒的主题,我们必须让科学探究贯穿于整个课堂教学过程。在课堂教学中,要安排有意义的科学探究活动,让学生亲历探究活动的全过程,从而更好地培养他们良好的科学素养。

首先,我们要求教师在课堂上引导学生进行科学探究活动时,要对探究的内容进行全方位的理解与实践,对探究的目的进行明确和细化,对探究材料进行改进,使材料更有结构。在探究过程中,始终让学生自主地运用自己的思维,围绕着一个或几个探究主题,运用观察、实验等科学的方法进行自主探究。其次,要做到课外延伸,引导学生持续探究,将教学延伸到课外。

为了更好地培养学生的科学精神和科学实践能力,我们要求小学科学课教师要做到七能:能在科学教育基地学的不在课堂上学;能让学生自备学具的教师不包办;能用生活用品进行实验的就不用专业器材;能让学生独立研究的教师不示范演示;能让学生走进自然的教师不人工模拟;能让学生推理论述的教师不直述观点;能让学生整理实验器具的教师不代替。这些措施具体、可行,很快被老师们采用。

2. 建设科学实践基地

科学课教学不能局限于教室里。我们因地制宜,积极开发具有区域特色的实践基地,充分利用基地资源,发挥示范基地的"阵地"作用。我们的主要做法有:

以区教具研发基地为中心,所有小学再投资 5 万多元,购买了数百件科学仪器,创建了科学创新实验室,为学生提供了一个动手、动脑、活跃创造性思维,把想象变为现实的场所,满足了学生能看、能摸、能动、能试、能做、能研究的心理需求,对学生有很大的吸引力。

利用课外活动，开放创新实验室。科学创新实验室的器材有许多与当今先进技术有关，许多器材设备非常有趣，可以利用课外活动时间，开放创新实验室，引导学生积极参与科学探究活动。在创新实验室轮流摆放部分科学仪器，每种仪器由一个学生负责演示、解说和指导参观的学生学习。例如说明机翼升空原理的仪器，参观的学生先看仪器演示，听原理的介绍，再亲自探究、动手实践。创新实验室已经成为学生最向往的科学殿堂。

多数学校建设有大小不一、形式不同的校园科普实践基地。如小港实验学校农艺园占地2200余平方米，分为盆景长廊、花卉暖棚、蔬菜园地、果林、养鸽场、气象台、中药圃、观鱼渠、农家乐九大板块，力图通过丰富的植物资源和形式多样的实践活动，开阔学生视野，丰富学生农艺知识，锻炼学生动手实践能力。另有多所学校在校园内建设了科技馆。

拓展实践"大基地"内涵。由于资金、用地、师资等条件不尽相同，各个学校创建基地的起点差异巨大，容易让一部分科学教师产生畏难情绪。因此，对于科学实践基地的创建，我们要求学校要以生为本，以校为本，因地制宜，巧妙构思，结合学校自身特点，结合学校内部及周边资源来创建科学实践基地。

3. 开发科普校本课程

我们坚持利用小学科学课程，开发科普校本课程，促进国家课程校本化。如今，我们已开发的校本课程有：九峰小学《水资源保护和利用》、柴桥实验学校《兰花种植》、小港实验学校《科普教育》、华山小学《少年科学院》等20多门科普类校本课程。

校本课程的开发，提高了教师的业务水平及对资源的挖掘和整合能力。更重要的是，校本课程的开发以学生为主体，兼顾了区域内学生的现有学习能力，挖掘了学校所在区域的地域性资源，弥补了科学教材的不足。

从实际效果来看，校本课程的实施，首先增加了学生参与科学学习的时间和空间，使学生有更多的地方学、有更多的时间学、有更多的形式学。其次，使科学课堂的教学有了更佳的落脚点,如动植物的观察记录,目前学生现实的居住情况很难满足种植和饲养的条件,凤仙花的种植、小动物的饲养等教学内容很难全员落实。校本课程实施以后,学校利用农艺园这一平台,使学生有组织地进行动物饲养、蔬菜种植,以及相关资料搜集和展示等活动,保证了教学内容的落实和学生的参与面。再次,校本课程的实施,还能促使学有余力的学生去寻找自己感兴趣的问题,进行更深入的研究,如学生研究的"油麦菜不长虫子""暖棚里的西红柿为什么长势不一样"等。

4.完善评价内容与形式

对科学教育来说,有必要精简知识考核的内容,加强对学生科学方法、科学态度等的考核,加大学生自主参与科技活动竞赛的力度,培养学生独立探究、合作探究的能力,把提高学生科学素养的培养目标与多种形式的人才培养及选拔机制有机结合起来,为进一步提高学生科学素养奠定基础。

比如东海实验学校对学生进行评价,除了平时课堂上即时对学生的表现进行评价以及期末考试评价外,还增加了科学争章活动。他们利用大队部雏鹰争章这个平台,每学期开学时在科学课上对学生提出科学争章的要求:①了解一位科学家的故事,并在小组内交流。②完成2个以上课后探究活动,要有活动记录,并交给老师批阅。③摘录最新的科技信息10条以上,并在小组内交流。④保管好书本、配套材料、记录本等,每节课都能做好课前准备。⑤看2本以上科技类书。学生通过一学期的努力,争取得到这个科技章。在争章过程中,学生通过完成不同的科学探究任务,各方面得到了培养和提高。

二十年来,我们不断成长,多了几分稳重,也形成一道道风景。展望未来,我们将本着求真务实、锐意进取、勇于开拓的精神,在小学科学教育的探索和实践中再接再厉,迎难而上,我们也一定会欣赏到更多风景,享受到科学课这个棱镜折射出的绚丽光彩。